영어천재가 된 홍대리

6개월 만에 영어천재가 된
홍 대리의 특급비밀

박정원 지음

다산
라이프

등장인물 소개

홍대깡

전략기획팀의 중추적 역할을 하고 있는 서른두 살의 어리바리 대리. '주어진 일만 열심히 하자' 주의의 소극적 A형 남자. 군대 제대 후 여자친구와 좀 더 함께 있어볼 요량으로 그녀가 다니는 로봇회사에 입사했다. 얼떨결에 해외수출 핵심업무를 맡게 되면서 영어 때문에 울고 웃는 신세가 된다.

박 코치

영어 문외한 체대생에서 2년 만에 억대 연봉의 영어 강사가 된 입지전적인 인물. 영어는 물론 삶의 자세까지 코치해주는 카리스마 넘치는 강사. 황금빛의 이종사촌 오빠로 홍 대리의 변화에 커다란 역할을 한다.

황금빛

홍 대리와 대학시절부터 사귀어온 사내 커플. 티격태격 싸우기는 하지만, 어려울 때마다 물심양면 도와주는 홍 대리의 든든한 지원군이 되고 있다.

왕고수

전략기획팀을 확실하게 이끌고 있는 팀장. 국내에서 영어공부를 해서 네이티브처럼 영어를 구사하는 국내파 영어 실력자다. 어려운 전략기획팀 업무를 홍 대리와 함께 하면서 애정과 질책을 동시에 보여준다.

최막강

해외마케팅팀 팀장. 해외 유학파로 자신감 넘치고, 일에 대한 욕심이 많은 인물로 직원들에게는 '싸가지'로 통한다. 전략기획팀과의 업무가 겹치면서 왕 팀장과 홍 대리에게 날을 세우고 대립한다.

고만해

전략기획팀의 1년차 막내. 낙천적이고 쾌활한 성격이지만, 눈치가 없어 분위기 파악 전혀 못하는 신입사원. 홍 대리에 대한 무한한 지지와 존경을 보내는 인물.

Contents

저자 서문 영어는 공부가 아니라 훈련이다 6

Part 1
홍 대리는 영어 울렁증

- 위기는 예고 없이 다가온다 13
- 위기는 곧 기회다? 25
- 영어 멘토를 찾아서 42
- '와이 디든'과 '와든'의 차이를 알다 52
- 영어, 최소 열 번은 찍어야 넘어온다 61

<박 코치의 영어 훈련소> 영어의 소리그릇을 만들어라! 71

Part 2
홍 대리 VS 박 코치

- 왕 팀장, 홍 대리 꼼수를 눈치 채다! 77
- 산을 넘으니 바다가 기다린다 95
- 쉬운 길로 가면 큰일 나나? 109
- 홍 대리, 박 코치에게 무릎을 꿇다 121

<박 코치의 영어 훈련소> 영어의 소리그릇에 내용물을 담고 꺼내라! 132

Part 3
홍 대리, '1,000시간 영어 훈련법'에 돌입하다

- 1,000시간을 확보하라 137
- 미션1. 브라이언 트레이시를 만나라! 151
- 미션2. 스티브 잡스와 친해져라! 165
- 미션3. 세 명의 고수를 만나라! 173

〈박 코치의 영어 훈련소〉 도대체 얼마나 오래 훈련해야 하나? 190

Part 4
홍 대리, 귀가 뚫리고 입이 열리다

- 미션4. 소리영어의 그릇을 만들어라! 197
- 미션5. 팝송은 매일 먹는 영양제 209
- 미션6. 마지막 강의를 들어라! 219
- 미션7. 외국인 30명, 그들과 친해져라! 229

〈박 코치의 영어 훈련소〉 정확한 발음을 훈련하라! 245

Part 5
영어는 커뮤니케이션이다

- 미션8. 시트콤과 미드에 빠져라! 251
- 미션9. 배경지식을 쌓아라! 259
- 미션10. 영어로 싸워서 이겨라! 267
- 홍 대리, 영어로 새로운 세상을 열다 276

〈박 코치의 영어 훈련소〉 문장암기 훈련 요령 291

저자 서문

영어는 공부가 아니라 훈련이다

내 전공은 사회체육학이다. 그리고 스물다섯 살에 한국에서 영어공부를 시작해 2년 만에 영어강사가 되었다. 사람들을 만나 나의 직업이 영어강사라고 말하면 상대방은 항상 "전공이 영어였나요?"라는 질문을 한다. 그런데 "아니요, 체육인데요."라고 대답하면 질문이 더 집요해진다. "아니 어떻게 체대생이 그렇게 영어를? 혹시 어릴 때부터 영어를 하셨나요? 아니면 가족 중에 외국인이 있나요?" 나는 체대생이 어떻게 영어를 잘 하느냐는 질문에 항상 이렇게 대답한다. "당신은 국문학을 전공해서 한국어를 잘하고, 미국인은 모두 영어를 전공해서 영어를 잘 할까요?"

물론 말은 이렇게 하지만 나도 잘 안다. 왜 사람들이 체대생인 내가 짧은 시간에 한국에서 혼자 영어를 익혀 인기 영어강사가 되었다는 사실을 그렇게나 놀랍게 받아들이는지 말이다. 바로 한국에서 영어 잘하기가 얼마나 힘든지, 또 혼자서 영어 공부하기가 얼마나 힘든지, 그리고 학력위주의 한국사회에서 유학도 안 갔다 온 비전공자가 영어강사로 성공하기가 얼마나 힘든지 너무나 잘 알고 있기 때문이다.

사람들은 내가 영어를 잘 한다고 하면 보통 "어떻게 공부를 하셨어요?" 하며 내가 영어실력을 향상시키는 특별한 학습법을 가지고 있을 것이라 생각한다. 그렇다면 과연 내가 했던 방법이 가장 효과적인 학습법일까? 절대 그렇지 않다.

무식하면 용감하다고 했던가? 나는 한국에서 영어를 잘하기 위해 정말 할 수 있는 모든 방법들을 직접 다 실천해보았다. 그래서 그런 바보 같은 실수들을 통해 한국에서 영어를 잘하기 위해 무엇이 좋고, 무엇이 나쁜지를 그 누구보다도 잘 알게 되었다. 또한 8년 가까이 수만 명이 넘는 학생들을 훈련시키면서 더욱더 많은 것들을 깨달을 수 있었고 그러면서 조금씩 더 효과적인 방법을 찾을 수 있었다.

덕분에 나의 훈련을 거친 많은 사람들이 영어 덕분에 사회에서 인정받고, 세계 곳곳에서 자신의 꿈을 이루는데 영어가 오히려 큰 힘이 되고 있으며, 심지어는 주요 학원과 대학에서 영어

강사로서 활약 중이기도 하다. 이 책에 등장하는 몇몇 인물은 나와 함께 훈련한 학생들의 실제 사례이기도 하다. 따라서 이 책에 소개된 영어 학습법은 그 효과가 이미 현장에서 철저히 검증된 것이라는 것을 가장 먼저 말해주고 싶다.

나는 이 책을 통해 '1,000시간 영어 훈련법'이라는 것을 소개한다. 물론 1,000시간은 긴 시간이다. 하지만 연구논문에 의하면 한국인이 영어를 유창하게 구사하는데 평균 3,000시간 이상이 걸린다고 한다. 그렇다면 1,000시간은 그 3분의 1밖에 되지 않는 시간이다. 1,000시간 영어 훈련법을 통해 당신은 앞으로 얼마나 노력해야 하는지, 자신이 지금 어느 위치에 있고 앞으로 얼마나 더 나아가야 하는지를 잘 알 수 있을 것이다.

자신과 가족의 앞날을 위해서 하루에 몇 시간을 투자할 것인가? 당부하고 싶은 것은 절대 하고 싶은 것 다 하면서 할 생각은 말아달라는 것이다. 아무렇게나 1,000시간을 훈련한다고 되는 것은 절대 아니라는 것이다. 그 방법은 이 책의 홍 대리가 너무나 잘 보여줄 것이다. 당신도 홍 대리와 똑같이 박 코치의 훈련을 한 시간 한 시간 따라와 주기만 하면 된다. 영어는 공부가 아니라 훈련이라고 주장하는 이유가 그것이다. 영어를 다른 공부하듯이 받아들이면 영어는 당신의 것이 될 수 없다. 운동을 몸에 익히듯 꾸준히 훈련을 받아야 완벽한 언어로 체득할 수 있을 것이다.

최근 회사원들의 영어능력과 월수입의 관계에 관한 연구논문에 의하면 영어를 능숙하게 구사하는 사람과 그렇지 못한 사람의 월수입은 평균 500만 원 정도 차이가 난다고 한다.

　사람들은 '투자'라고 하면 보통 금융투자를 떠올린다. 하지만 한 치 앞의 경제상황을 내다보지 못하는 현 상황에서 자기 자신에게 투자하는 것, 특히 영어에 투자하는 것만큼 수익률이 확실히 보장된 투자는 없을 것이다.

　마지막으로 말하고 싶은 것은 당신의 꿈에 관한 이야기다. 중국의 유명한 문호인 왕명 선생은 그가 쓴 책에서 "왜 40세가 되어서야 영어공부를 시작하는가?"라는 질문에 "한 가지 이상의 언어를 배운다는 것은 단순하게 창문 하나를 더 열어 지식의 새로운 다리를 건너는 것이 아니다. 이것은 또 하나의 두뇌와 생명을 얻는 것이다. 그 다리를 건너면 우리가 알지 못했던 새로운 세계가 펼쳐져 있다."라고 대답했다. 세계의 지식 중 70퍼센트 이상이 영어로 이루어져 있다. 한국어로 이루어진 것은 고작 3퍼센트이고 그나마 번역된 대부분의 책과 논문들도 정확히 전달되지 않는 것이 많다. 당신이 영어를 제대로 할 수 있을 때 반쪽짜리 세상의 나머지 부분이 열리게 될 것이며, 당신의 꿈은 우물 밖으로 뻗어나갈 수 있을 것이다. 나는 그런 당신의 꿈을 응원한다.

Part 1

홍대리는 영어울렁증

위기는 예고 없이 다가온다

"이런, 또 늦었군!"

오늘도 홍 대리의 하루는 지하철에서의 뜀박질로 시작된다.

"어이쿠! 후유!"

문이 닫히기 직전에서야 겨우 지하철에 올라탄 홍 대리는 안도의 한숨부터 내쉬었다. 단잠의 유혹과 싸우던 5분의 대가였다.

'휴, 겨우 탔네. 가만있어 봐. 오늘의 명당자리는?'

지난밤 늦게까지 케이블 방송을 보느라 잠을 설친 탓에 홍 대리는 앉을 자리부터 찾아 두리번거렸다.

'음, 저 교복이면 곧 내리겠는 걸?'

홍 대리는 읽던 책을 정리해서 가방에 넣고 있는 여학생을 발견했다. 지하철이 다음 역에 도착하자 예상대로 그 학생이 자리에서 일어섰다. 순간 홍 대리는 대한민국의 웬만한 아줌마보다도 더 빠르게 빈자리에 몸을 던졌다. 그때였다.

"Oh, sorry! 죄송합니다!"

홍 대리가 자리에 앉자마자 앞에 서있던 사람이 홍 대리의 발을 살짝 밟은 것이다. 홍 대리는 구두코를 살피며 미간을 찌푸렸다.

'어? 뭐야. 이거?'

홍 대리 앞에는 키가 훤칠한 곱슬머리 외국인이 서있었다. 그는 미안하다는 표정을 지으며 홍 대리에게 무슨 말인가를 했다.

'뭐야? 우리나라에 왔으면 한국말로 하라구!'

홍 대리는 어색한 미소를 지어보이며 고개를 끄덕였다. 발을 밟은 외국인은 연신 미안하다며 옆의 빈 공간으로 물러섰다.

'에이, 괜찮다는 말을 했어야 하는데.'

홍 대리는 당황해서 제대로 말도 못하고 공허하게 웃었던 자신이 한심스러웠다.

'에라, 모르겠다. 잠이나 자자.'

시간을 계산해보니 대충 20여 분 정도 잘 수 있을 것 같았다. 홍 대리는 휴대폰을 꺼내 손에 쥔 채 잠을 청했다.

"저기요……."

옆자리에 앉은 아가씨가 홍 대리의 팔을 가볍게 흔들었다. 홍 대리는 화들짝 놀라며 잠에서 깼다. 무슨 일이냐는 표정으

로 옆자리의 아가씨를 쳐다봤다.

"그거."

아가씨는 홍 대리 손에 들린 휴대폰을 턱으로 가리켰다. 휴대폰이 요란스럽게 진동하고 있었다.

"아, 예."

홍 대리는 아가씨에게 가벼운 목례를 한 뒤 휴대폰 액정을 들여다봤다. 왕고수 팀장이었다.

"네, 팀장님."

"홍 대리! 나야……."

그런데 왕고수 팀장의 목소리가 심상치 않았다. 주변에서는 사이렌 소리도 들려왔다.

"팀장님, 어디세요?"

"끙, 잘 들어. 나 지금 오래 말할 형편이 아니니까. 지금 가고 있지?"

"예. 지하철로 가고 있습니다. 약속시간에 맞춰 도착할 것 같은데요. 근데 무슨 일 있으세요?"

사이렌 소리 사이로 사람들의 웅성거리는 목소리가 점점 커졌다. 뭔가 심상치 않은 일이 벌어진 게 분명했다. 왕고수 팀장은 대답대신 누군가와 계속 대화를 나누고 있었다. 전화기 너머로 왕고수 팀장의 몸 상태에 대해 묻는 말이 들려왔다.

"팀장님. 무슨 일이세요?"

홍 대리는 긴장된 목소리로 물었다.

"어, 나 전화 끊어야 돼. 아무튼 오늘 계약은 혼자 가서 해."

"네? 저 혼자요? 무슨 일이신데 저 혼자 계약을 하러 가라고 그러세요?"

"나 지금 사고 났어!"

"예? 사고라뇨? 대체 무슨 말씀이세요?"

홍 대리는 놀라서 목소리를 높였다. 순간 주위 사람들이 그를 흘깃거리며 쳐다봤다. 어느새 건너편에 자리를 잡고 앉은 곱슬머리 외국인도 홍 대리를 흘깃 한 번 쳐다보았다. 홍 대리는 휴대폰에 얼굴을 더 바짝 당겼다.

"사거리에서 신호를 받고 가는데 갑자기 왼쪽에서 신호를 무시한 차가 튀어나와 내 차를 박았어."

"네? 몸은 괜찮으세요?"

"끙, 지금 길게 말 못하니 나중에 이야기하기로 하고 내 말 잘 들어."

왕고수 팀장은 사고 때문에 갈 수가 없으니 홍 대리 혼자 처리해야 한다고 말했다.

"아무리 그래도……. 어떻게 저 혼자 하라구……."

홍 대리는 순간 눈앞이 아찔했다. 오전에 외국계 회사인 ITS Asia와의 최종계약이 잡혀 있어서 바로 그곳으로 출근하는 중이었다. 외국계 회사와의 계약이긴 했지만 영어통인 왕고수 팀장이 있으니 홍 대리는 별다른 걱정이 없었다. 그런데 왕고수 팀장이 사고로 오지 못한다는 것이었다.

"너도 계약 내용은 다 알잖아. 이미 얘기가 다 끝난 일이라 그냥 간단한 인사만 하고 계약서에 도장만 찍으면 돼. 알겠지? 계약할 때 한두 번 따라다닌 것도 아니고……."

왕고수 팀장은 서당개 3년이면 풍월을 읊는다는 말을 덧붙이며 잘할 수 있으니 걱정 말라고 했다.

"그래도……."

홍 대리의 말이 채 끝나기도 전에 수화기 저 편에서 어서 구급차에 오르라는 목소리가 들렸다.

"홍 대리, 계약 관련 서류나 자료는 다 챙겨왔지? 그럼 너만 믿는다. 지금 통화하기 곤란하니 끊어."

전화기 너머로 사이렌 소리와 경찰의 호루라기 소리가 들리더니 이내 전화가 끊어졌다.

"여보세요, 여보세요!"

홍 대리의 다급한 목소리에 주변의 사람들은 일제히 그를 쳐다보았다. 그러나 더 이상 주위사람들의 시선을 신경 쓸 때가 아니었다. 홍 대리는 가방을 열어 계약서를 살폈다.

'아, 뭐야. 어떻게 나 혼자 계약하라는 거야.'

홍 대리는 심장이 쿵쾅거리는 것 같았다. 오늘 계약은 정말 중요한 건이라며 일주일 전부터 사장이 잔소리 아닌 잔소리를 해대고 있었다.

'만약 계약이라도 잘못되는 날엔…….'

홍 대리는 머리를 감싸 쥐었다. 생각만 해도 끔찍한 일이었다.

'헬로우. 마이 네임 이즈 홍대강…….'

지하철에서 내리며 홍 대리는 인사말부터 머리에 되뇌었다. 등에서 식은땀이 났다.

ITS Asia가 있는 빌딩을 올려다보며 홍 대리는 호흡을 가다듬었다. 이른 아침이라 그런지 출근하는 사람들이 바쁘게 건물 안으로 들어갔다.

"에라, 모르겠다. 무조건 계약서에 도장만 받으면 된다고 했지?"

막상 엘리베이터에 올라타니 오기가 생겼다. 왕고수 팀장 말처럼 서당개 3년이면 풍월을 읊는다고 계약 자리에 따라다닌 것만도 2년은 족히 넘었다.

사무실로 들어서니 다행히 한국인 직원들이 눈에 띄었다. 홍 대리는 안도의 한숨을 내쉬었다.

"어떻게 오셨어요?"

홍 대리를 발견한 한 여직원이 먼저 말을 걸어왔다.

"아, 예. ez&space에서 왔습니다. 오늘 청소용 로봇 계약 건으로 약속이 되어 있어서……."

"네, 그렇잖아도 이사님께서 기다리고 계십니다."

여직원은 홍 대리를 복도 맨 끝에 있는 회의실로 안내했다.

회의실로 들어서니 외국인 두 명이 자리에 앉아 있었다. 그들은 홍 대리가 들어오자 손을 내밀며 악수를 청했다. 홍 대리는 허리를 굽혀 어정쩡한 자세로 악수를 나누고는 서둘러 자리에 앉았다.

"Hello, my name is……. 안녕하세요. 저는……."

홍 대리는 간신히 입을 열어 인사를 했다.

"I am pleased to meet you. I'm David working as a board of director at ITS Asia. By the way, what is your official title, Mr. Hong? 반갑습니다. ITS Asia의 이사 데이빗입니다. 그런데 홍대강 씨는 직함이 어떻게 되시나요?"

나이가 지긋하게 들어 보이는 외국인이 홍 대리에게 직함을 물었다.

'데이빗? 그런데 도대체 말이 왜 저렇게 빨라? 계약서를 꺼내란 이야긴가?'

홍 대리는 가방에서 계약서를 꺼내들었다.

"He wants to know what your official title is, Mr. Hong. 이사님께서는 홍대강 씨의 직함을 궁금해 하십니다."

이번에는 데이빗 옆에 앉아 있던 젊은 남자가 조금 느린 속도로 말을 했다.

'타이틀? 직함을 묻는 건가? 대리가 뭐였지?'

홍 대리는 얼른 지갑에서 명함을 꺼내서 데이빗에게 건넸다.

"Is Gosoo-Wang, the head of the team, not coming yet? 왕고수 팀장은 안 오시나요?"

홍 대리의 명함을 살피던 데이빗이 왕고수 팀장을 찾았다.

"Ah, car accident! 아, 차 사고!"

'아, 진짜! 교통사고가 나서 못 온다는 걸 뭐라고 하지?'

홍 대리는 대충 아는 단어들을 조합해 왕고수 팀장이 교통사고로 오지 못한다고 설명했다. 데이빗은 못마땅한 얼굴로 홍 대리가 내민 계약서를 살폈다.

'그래. 어서, 사인을 하라구!'

홍 대리는 데이빗의 표정을 살피며 마음을 졸였다.

"As it is written here, after 2months but no later than October 30th, can you deliver the cleaning robot? 자, 그러면 여기 적힌 대로 두 달 뒤인 10월 30일까지 청소용 로봇의 납기가 완료되는 겁니까?"

데이빗은 손에 쥔 펜으로 계약서를 가리켰다.

"네?"

홍 대리는 데이빗의 질문을 알아듣지 못해 당황해했다.

"He asks if the time for delivery will be by October

30th. 10월 30일까지 납기가 완료되는 거냐고 물으십니다."

젊은 남자가 좀 더 천천히 말해주었지만 홍 대리가 알아듣기에는 여전히 무리였다.

"젠장, 팀장님은 이럴 때 하필이면……."

"What? 네?"

"Oh, no, no! 아니에요!"

"What? You mean you are not going to meet the deadline? 네? 납기일을 못 맞춘다는 말인가요?"

홍 대리의 "노"라는 말에 두 사람은 홍 대리의 얼굴과 계약서를 번갈아가며 쳐다보았다.

"Tony, please call Mr. Kim to get here! 토니, 김 대리를 불러오세요."

데이빗은 짜증 섞인 목소리로 젊은 남자에게 말했다. 젊은 남자는 자리에서 일어나 밖으로 나갔다.

'젠장, 뭐가 어찌 돼 가는 거야?'

홍 대리는 이마에 흐르는 땀을 소매 끝으로 훔쳤다. 데이빗은 더 이상 홍 대리에게 말을 걸지 않았다. 긴장된 침묵이 흘렀다.

"똑똑!"

낮은 노크 소리와 함께 토니가 젊은 한국인 남자 한 명을 데리고 들어왔다. 홍 대리는 그제야 안도의 한숨을 내쉬었다. 통역할 직원을 데려온 게 분명했다.

"Yes, sir? 부르셨습니까?"

한국인 남자는 금테안경에 차가워 보이는 인상이었다.

데이빗이 금테안경에게 뭐라고 말하자 금테안경은 홍 대리에게 한쪽 입 꼬리를 올리며 알 수 없는 미소를 지어보였다.

"이사님께서 계약서에 적힌 대로 납기일을 맞출 수 있냐고 물어보십니다."

"아, 그야 물론이죠. 충분히 합의된 내용입니다."

홍 대리는 계약서에 적힌 10월 30일이라는 날짜를 확인한 후 자신 있게 말했다.

'뭐야, 기껏 그거 확인한 거였어?'

데이빗은 그 외에도 몇 가지를 더 물어보았고, 금테안경이 통역을 해주었다.

"Okay, let's sign it. 그럼 사인을 하죠."

데이빗은 사인을 마친 계약서를 홍 대리에게 건네며 악수를 청했다.

"Thank you! 감사합니다!"

홍 대리는 연신 허리를 굽히며 감사하다는 말을 했다.

"Oh, I guess you should study English more, Mr. Hong. 참, 홍대강 씨는 영어공부를 좀 더 하셔야 되겠군요."

문을 나서려다 말고 데이빗이 홍 대리를 바라보며 한마디 했다.

"이사님이 홍 대리님 영어공부 좀 하시랍니다."

금테안경이 홍 대리에게 옅은 웃음을 지으며 데이빗의 말을 통역해주었다.

'자식아, 그건 나도 알아들었어!'

홍 대리는 입을 씰룩거리며 계약서를 가방 안에 챙겨 넣었다.

위기가 곧 기회다?

회사로 돌아오는 지하철 안에서 방금 전 일을 떠올리니 지난 몇 시간이 너무나 길게 느껴졌다. 기운이 다 빠져 온몸이 축 늘어지는 듯했다. 그래도 가방 속엔 계약서가 있었다. 어찌됐건 청소용 로봇 5천 대의 계약을 따낸 것이다.

"야, 홍 대리 계약은?"

사무실로 들어서자마자 본부장이 득달같이 달려왔다.

홍 대리는 대답 대신 가방에서 계약서를 꺼내 본부장에게 건네주었다.

"야! 드디어 홍 대리 네가 한 건 했구나! 잘했어!"

계약서의 사인을 확인한 본부장은 사무실이 떠나갈 정도로 크게 웃으며 홍 대리의 어깨를 두드렸다.

"어머! 축하드려요. 홍 대리님. 오늘 계약은 사장님이 정말 중요하게 생각하시던 건데."

"그래, 축하해. 홍 대리. 왕 팀장님이 사고 때문에 그 자리에 못가셨단 소리 듣고 다들 걱정했는데."

사무실의 여기저기서 '축하한다', '대단하다'는 말이 들려왔다.

"근데 왕 팀장님은 지금……."

"어, 왕 팀장 지금 병원에 있어. 자세한 건 정밀검사를 받아봐야 하는데 병원 측 말로는 당분간 병원에 있어야 된다고 그랬다더군."

"네? 그렇게 많이 다치셨어요?"

홍 대리는 본부장으로부터 왕 팀장의 상태를 듣고 놀라 휴대폰을 꺼내들었다.

"관둬. 좀 전에 전화가 왔었는데 많이 놀라고 또 긴장했었나 봐. 지금쯤 검사 마치고 한숨 자고 있을 테니 오후 늦게 쯤 한 번 전화를 하든 찾아가든 해봐."

홍 대리는 휴대폰을 만지작거리다 다시 주머니에 넣었다. 계약은 성공했지만 자신의 사수와도 같은 왕고수 팀장의 교통사고가 못내 마음에 걸려 마냥 기뻐할 수만은 없었다. 사람들이 자리로 돌아가자 홍 대리도 자신의 자리에 앉았다. 수첩을 꺼내다가 갑자기 계약서를 챙겨왔는지 확인하려고 가방을 마구 뒤졌다. 그러다 본부장에게 계약서를 넘긴 것이 생각났다.

'휴, 도대체 정신이 하나도 없네. 계약이야 잘 됐지만…….'

계약을 하면서 일어났던 일과 왕고수 팀장의 사고까지 생각하자니 홍 대리는 머릿속이 멍했다.

"여! 홍 대리. 수고했어. 아주 대박 하나 제대로 쳤네."

다른 팀의 직원이 지나가며 홍 대리의 어깨를 툭 쳤다. 생각에 잠겨있던 홍 대리는 놀라 어색한 웃음으로 고개를 끄덕였다. 고개를 들어 인사를 하다 저만치서 자신을 보며 웃고 있는 황금빛과 눈이 마주쳤다. 황금빛은 엄지손가락을 치켜들며 웃고 있었다.

'뭐야, 쟤까지 눈치 없이 왜 저래?'

황금빛을 보자 갑자기 ITS Asia에서 어벙하게 굴었던 자신의 모습이 떠올랐다. 그 모습을 사람들이 봤더라면 얼마나 실망했을까를 생각하니 얼굴이 붉어졌다. 홍 대리는 담배나 한 대 펴야겠다며 자리에서 일어났다.

"쳇, 재수 없는 녀석!"

옥상 위 허공으로 흩어지는 담배연기 속으로 금테안경의 얼굴이 스쳐갔다.

"누구? 누가 재수 없는 녀석이야?"

어느새 황금빛이 커피를 들고 홍 대리 옆에 서 있었다.

"야, 넌 인기척도 없이 나타나냐? 놀랐잖아."

"무슨 생각을 그렇게 하길래 사람이 오는 소리도 못 듣냐?"

홍 대리와 황금빛은 오래된 연인이다. 대학교 신입생 오리엔테이션 때 황금빛의 빛나는 모습에 반해 1년 넘게 공을 들여 그녀의 마음을 얻었다. 홍 대리가 대학을 졸업한 후 장교로 군복무를 하는 동안 황금빛은 아나운서 시험을 준비했다. 하지만 경쟁률이 만만치 않아 몇 번의 쓴 잔을 마시고는 지금의 ez&space에 입사했다. 홍 대리는 제대 후 황금빛을 따라 같은 회사에 입사했다. 군복무 기간 동안 데이트다운 데이트를 할 수 없었던 탓에 홍 대리는 조금이라도 더 황금빛과 함께 있고 싶었던 것이다.

　'어휴, 내가 미쳤지. 왜 애랑 같은 회사에 들어와 가지고서는.'

　홍 대리는 입사한 지 몇 달이 채 지나기도 전에 황금빛과 같은 회사에 들어온 것을 후회했다. 꼼꼼한 성격인 황금빛은 홍 대리에게 이것저것 잔소리를 하기 일쑤였고 홍 대리는 그런 그녀가 못마땅했다.

　특히 오늘처럼 기분이 꿀꿀한 날 눈치 없이 엄지를 치켜드는 걸 보면 머리라도 한 대 콕 쥐어박고 싶어졌다.

　"야, 너 다시 봐야겠어!"

황금빛이 홍 대리의 팔짱을 끼며 콧소리를 냈다.

"다시보긴 뭘 다시 봐."

홍 대리는 주위를 살피며 황금빛의 팔짱을 풀었다.

"왕 팀장님도 없었는데 너 혼자 그런 큰 계약을 해냈으니 대단하잖아!"

홍 대리 황금빛의 말에 자존심이 상했다.

"아니, 내가 왜! 내가 그렇게 못 미덥냐?"

"그게 아니라, 솔직히 너 항상 영어라면 자신 없어했잖아."

"내 영어가 뭐 어때서? 토익 700점이면 할 만큼은 하는 거지!"

"야, 너도 알다시피 외국인이랑 대화하는 게 어디 토익으로 되든?"

"하긴, 그렇기야 하지."

홍 대리도 황금빛의 말에 전적으로 동감했다. 초등학교 때부터 지금까지 그 어떤 과목보다도 더 많은 시간을 투자했던 것이 영어였다. 단어장은 물론이고 문법책까지 달달 외우기도 해봤지만 대학입학시험을 치를 때 말고는 딱히 쓸 일도 없었다. 자연스레 영어와 멀어져가다 취업을 준비하면서 다시 영어학원에 나가 토익을 공부하기 시작했다. 그리고 열심히 공부한 결과 입사지원이 가능한 점수는 얻었다. 하지만 막상 ez&space에 입사하기 위해 영어면접을 치룰 때는 면접관의 질문에 진땀을 흘려야 했다.

가까스로 ez&space에 입사했지만 짧은 영어로 인한 수난은 계속 이어졌다. 회사에 입사한지 얼마 되지 않던 날이었다. 홍 대리는 퇴근시간을 훌쩍 넘긴 시간까지 혼자 남아 다음날 있을 프레젠테이션 관련 서류를 챙기고 있었다. 마침 그때 외국인 바이어가 전화로 왕고수 팀장을 찾았다.

"He is out of work. 팀장님 퇴근하셨습니다."

홍 대리는 기어들어가는 목소리로 겨우 대답했다.

"What? Really? 네? 정말요?"

수화기 너머로 외국인의 놀라는 듯한 말이 들려왔다.

"He is out of work. Bye. 팀장님 퇴근하셨습니다. 그럼 이만."

홍 대리는 좀 더 자신 있는 말투로 대답하고는 전화를 끊었다.

"퇴근시간에 퇴근하는 게 뭐가 그리 놀랄 일이야? 제발 시차계산 좀 하고 전화해라."

다음 날이었다.

"도대체 어제 MX 인터내셔널에서 전화 온 거 누가 받았어?"

왕고수 팀장은 사무실에 들어서자마자 얼굴이 벌개져서는 소리를 질러댔다. 모두들 서로 눈치만 보고 아무도 손을 드는 사람이 없었다.

"어제 외국 사람한테 전화 받은 사람 없냐고!"

왕고수 팀장은 답답하다는 듯 더욱 소리를 높였다.

"네. 제, 제가 받았는데요."

홍 대리는 왕고수 팀장의 눈치를 살피며 슬며시 손을 들었다.

"야! 홍대강. 너 도대체 뭐라고 했어? 그 사람한테 뭐라고 했냐고?"

왕고수 팀장은 손에 들고 있던 가방을 책상 위로 내던지며 홍 대리에게 물었다.

"전, 그냥. 팀장님을 찾으시기에 퇴근하셨다고······."

홍 대리는 전날 있었던 일을 떠올리며 억울하다는 눈빛으로 왕고수 팀장을 바라보았다.

"오호, 그래? 야, 홍대강. 너 퇴근했다를 영어로 말해 봐."

"그게, out of work 아닙니까?"

홍 대리는 건너편에 앉아 있는 황금빛의 표정을 살피며 대답했다. 황금빛은 순간 머리를 감싸 쥐며 고개를 숙였다.

"야! 넌 퇴사했다는 말하고 퇴근했다는 말도 구분 못하냐? 퇴근했다는 표현은 out of office잖아. 네가 날 졸지에 실업자로 만들어? 게다가 MX 인터내셔널과의 이번 계약이 우리회사로서 얼마나 중요한 일인지 알고나 있는 거야?"

다행히 MX 인터내셔널 담당자가 왕고수 팀장의 휴대폰으로 전화를 걸어 왕고수 팀장이 회사를 그만둔 것이 아니라는 것을 확인하고는 계약 건을 진행시킬 수 있었다고 했다.

"야, 홍대강! 너 이번엔 하늘이 도운 줄 알아."

홍 대리는 입이 열 개라도 할 말이 없었다. 자칫하면 자신의 짧은 영어실력 때문에 회사에 큰 손해를 입힐 뻔했다.

"홍대강, 너는 앞으로 내가 하는 프로젝트에는 무조건 끼여. 내가 널 제대로 훈련시킬 테니!"

그날 이후로 왕고수 팀장은 자신이 맡는 일의 대부분에 홍 대리를 참여시켰다. 그리고 처음 얼마간 왕고수 팀장은 홍 대리에게 깐깐한 시어머니처럼 굴었다. 사사건건 홍 대리의 실수를 꼬집었으며 보고서 한 장이라도 완벽에 가까울 정도가 아니면 퇴짜를 놓기 일쑤였다.

물론 지금 왕고수 팀장은 그 누구보다도 홍 대리를 신뢰하고 있다. 그러나 늘상 홍 대리의 정신 자세에 대해 "자네의 유일한 흠은 적극적이지 못한 그 마인드지!"라고 말하며 불만을 나타내긴 했다. 그도 그럴 것이 홍 대리는 자신에게 맡겨진 일에 대해서는 어떻게든 최선을 다하는 성격이었지만, 절대 일에 먼저 덤벼드는 법이 없었다.

"후우, 그만 들어가자."

안 좋은 기억들을 떠올리니 기분만 더 우울해지는 듯했다. 홍 대리는 담배를 비벼 끄고는 다시 사무실로 들어갔다. 황금빛은 홍 대리의 표정이 어두운 것이 마음에 걸렸지만 아마 왕고수 팀장의 사고 때문에 그럴 것이라 짐작이 돼 별다른 말은 하지 않았다. 어쨌건 오늘은 홍 대리가 크게 한 건을 해낸 날이다.

'그래, 내가 근사한 저녁을 쏘면 기분이 좀 나아지겠지.'

황금빛은 홍 대리를 뒤따라 사무실로 들어갔다. 사무실은 또다시 시끌시끌한 분위기였다.

'뭐야, 아직도 홍대강 띄워주는 분위기야?'

"무슨 일이야?"

황금빛은 자리에 앉으며 옆자리의 강진주 대리에게 물었다.

"응, 사장님이 홍 대리에게 빅애플의 프레젠테이션 건을 맡겼데. 그거 싸가지가 눈독들이던 건데 어떻게 홍 대리에게 갔는지 몰라."

"최막강 팀장 말이야? 하긴 이번 계약도 왕 팀장이랑 최 팀장 둘이서 엄청나게 경쟁을 했었지."

"말도 마. 그렇지 않아도 왕 팀장님의 전략기획팀하고 최 팀장의 마케팅팀하고 업무 영역 때문에 얼마나 티격태격했는데?"

회사가 본격적으로 해외수출을 시작하자 해외마케팅 업무를 담당하던 최막강 팀장은 욕심을 부리기 시작했다. 해외업무를 담당하는 자신이 빅애플 건을 맡아야 한다고 주장했던 것이다. 하지만 회사는 그동안 사업전략과 제휴, 영업을 총괄하던 전략기획팀에 손을 들어준 것이다.

"MBA 출신과 국내파의 싸움이지 뭐. 홍 대리가 이번에 국내파의 승리에 일조 했으니 최막강 팀장이 아마 벼르고 있을 걸?"

강진주 대리는 흥미롭다는 듯 홍 대리와 최막강 팀장을 번갈아 쳐다보며 대답했다. 최막강 팀장은 탐탁지 않은 표정으로 홍 대리를 흘겨보고는 자신의 팀원들을 데리고 회의실로 들어갔다. "쾅!"하고 문 닫는 소리가 크게 들리자 사람들이 힐끗거리며 눈치를 살폈다.

"어휴, 저 싸가지! 딴에는 MBA 나왔다고 자부심이 대단한데, 유학 한 번 안 다녀온 정통 국내파 왕 팀장님이 네이티브랑 술술 대화하는 모습이 곱게 보이겠냐. 그래서 매번 '오, 노, 그건 그렇게 발음하는 게 아니죠!'라며 시비를 걸잖아. 어휴, 밥맛!"

강진주 대리의 말에 황금빛은 고개를 끄덕이며 웃었다. 하지만 한편으론 최막강 팀장이 홍 대리를 바라보던 싸늘한 시선이 생각나 은근히 걱정이 되기도 했다.

그때 본부장이 사무실로 들어와 홍 대리를 보며 너스레를 떨었다.

"야, 홍 대리, 빅애플사와의 계약진행 전략기획팀에서 하기로 했네. 너 이번 건만 잘해내면 과장 승진은 따놓은 거나 진배없어. 잘해봐. 사장님이 널 믿고 특별히 업무 조정한 거니까."

"저, 그런데 왕 팀장님도 안 계시는데 제가 어떻게……."

"사장님이 어차피 왕 팀장은 한 달 후에 퇴원하니 그동안 홍 대리한테 일을 진행하게 하고 프레젠테이션까지 맡기라고 하시더군. 영어가 되는 것 같으니 프레젠테이션도 문제없을 거라고 하시면서 말이야."

암담해진 홍 대리는 저도 모르게 고개를 숙였다. 본부장은 너무 부담 갖지 말라며 오늘처럼만 하면 된다고 독려했다. 그리고 본부장은 오후에 별 일이 없으면 왕고수 팀장에게 다녀오라고 했다. 홍 대리는 왕고수 팀장의 상태도 궁금했지만, 지금 눈앞에 벌어지고 있는 상황에 대해 어떻게 해야 할지 조언이라도 들어야겠다는 생각에 병원으로 나섰다.

"어, 왔어?"

"아니, 누워 계세요. 몸도 불편하신데."

홍 대리는 들고 온 음료수 상자를 냉장고에 넣었다. 왕고수 팀장이 누워있는 4인실 병실은 대부분 교통사고 환자들이 입원해 있었다. 한쪽에서는 보험사 직원인 듯한 사람이 환자와 상담을 하고 있었다. 홍 대리는 보험사 직원을 보자 엉뚱한 생각이 떠올랐다.

'휴, 팀장님이 나에겐 보험이었는데 사고를 당해버렸으니 내

일은 어떻게 수습한담?'

다시 왕고수 팀장 옆으로 온 홍 대리는 의자에 앉았다.

"팀장님도 보험은 있으시죠?"

"벌써 연락해뒀어. 근데 다행이야. 머리라도 다쳤으면 어쩔 뻔했어? 의사 말로는 한 달쯤 있으면서 물리치료를 꾸준히 받으라고 하더군."

"그러게요. 근데 이야기 들으셨죠?"

홍 대리가 빅애플의 프레젠테이션 건을 말하자 왕고수 팀장은 고개를 끄덕였다.

"본부장님한테 들었어. 원래 우리팀이 이번 ITS Asia 건을 끝내고 바로 하기로 했던 거야. 근데 내가 이 지경이 돼서 어쩌나 했는데 사장님이 그대로 진행하라고 하셨다더군."

"그걸 저 혼자 어떻게 할 수 있어요? 팀장님도 안 계신데, 차라리 마케팅팀에 넘기는 건……."

"무슨 소리야? 최막강한테 이 업무를 넘기라고? 이봐. ITS Asia 계약은 빅애플에 비하면 아무 것도 아니야. 빅애플 건만 성사되면 회사는 급성장할 수 있어."

홍 대리는 암담했다. 그는 애절한 눈빛으로 왕고수 팀장을 바라봤다. 왕고수 팀장이 진행하는 해외영업 업무는 대부분 홍 대리가 함께 해왔다. 그래서 왕고수 팀장은 홍 대리가 외국인 앞에서는 꿀 먹은 벙어리가 된다는 것을 누구보다도 잘 알고 있었다.

"홍 대리, 이건 기회라구. 난 네가 영어실력이 부족하다고 생각하지 않아. 단지 넌 외국인을 겁내고 있을 뿐이야. 소위 말하는 영어 울렁증이지."

"팀장님, 제 영어실력이 형편없다는 건 누구보다도 팀장님이 더 잘 알고 계시잖아요? 그런 제가 어떻게······."

홍 대리의 목소리는 애절함을 넘어 거의 울먹이고 있었다.

"이봐, 홍 대리. 아니, 홍대강! 너 언제까지 대리 딱지나 달고 있을 거야? 우리회사는 햇수 채운다고 거저 과장 주고 부장 주지 않는다는 거 너도 잘 알잖아? 철저히 능력위주, 실적위주라는 거 말이야."

옆에 누워 있던 한 환자가 "누가 누굴 병문안 왔는지 모르겠네."라고 할 정도로 왕고수 팀장은 홍 대리를 어르고 달랬다. 홍 대리는 왕고수 팀장의 말에 더 이상 대꾸를 할 수 없었다. 최근 몇 년 동안 ez&space는 해외시장을 새롭게 개척하면서 해외에서 제품의 인지도가 점점 높아져 가고 있었다. 그래서 사장은 몇 달 전부터 해외영업 담당자 확충을 위해 사원들의 영어실력 향상을 누차 강조하고 있었다. 이 회사에서 나가지 않는 한 어차피 해외영업 업무는 넘어야 할 산이었다. 그리고 왕고수 팀장의 말대로 빅애플 건은 홍 대리에게는 큰 기회였다.

"프레젠테이션까지는 아직 한 달이라는 시간이 남았으니 열심히 노력해봐. 나도 그때쯤이면 퇴원해서 사무실에 나갈 수 있을 거야. 위기는 곧 기회라는 말 알지?"

왕고수 팀장은 홍 대리의 등을 한 번 두드리고는 사무실로 돌아가 보라고 떠밀었다.

'위기는 곧 기회다? 하지만 기회는 곧 위기일 수도 있다구요!'

홍 대리는 어깨가 축 쳐졌다. 산 하나를 넘으니 더 큰 산이 기다리고 있는 형국이다. 차라리 처음부터 솔직하게 말할걸 그랬다는 후회감이 밀려들었다.

"아냐, 절대로 말하면 안 돼! 사람들이 내가 ITS Asia에서 얼마나 망신을 당했는지 알게 된다면……."

생각만 해도 끔찍한 일이었다.

사무실로 돌아온 홍 대리는 어지러운 책상을 바라보며 한숨부터 내쉬었다. 책상 한 모퉁이에 올려져 있는 《세상에서 가장 재미있는 영어회화》라는 제목의 영어책을 바라보니 콧방귀가 절로 나왔다.

"젠장, 뭐가 세상에서 가장 재밌다는 거야?"

"네?"

홍 대리의 투덜대는 소리에 옆자리에 앉아 있던 고만해가 눈이 동그래져서 물었다. 고만해는 ez&space에 입사한 지 석 달째 되는 신참이다. 신입답지 않은 넉살로 사무실의 분위기를 잘 띄워주는 분위기 메이커다. 물론 주책없이 이것저것 참견하기를 좋아하는 단점이 있지만 사수인 홍 대리에게만은 꼼짝을 못한다.

"아, 아니야. 혼자 하는 말이야."

먼지가 뽀얗게 내려앉은 영어 회화책을 바라보며 홍 대리는 큰 숨을 들이쉬었다.

'그래. 해보자! 어떻게든 되겠지.'

홍 대리는 책 위의 먼지를 털어내며 첫 장을 넘겼다.

그때 등 뒤에서 누군가가 자신을 내려다보고 있다는 느낌이 들었다.

"이봐, 홍 대리. 영어를 그렇게 잘하는 줄 몰랐네. 어쨌든 팀장이 없는데 힘들겠어. 뭐, 워낙 능력이 출중하니 문제없겠지만."

홍 대리는 도대체 무슨 말이냐는 표정으로 최막강 팀장을 올려다보았다. 최막강 팀장은 홍 대리의 시선에 아랑곳하지 않고 사무실 밖으로 나갔다.

'뭐야, 빅애플 건 때문에 저러는 건가? 능력은 무슨……'

홍 대리는 최막강 팀장 때문에 마음이 불편했다. 가뜩이나 평소에도 견제가 심했던 최막강 팀장이었다.

'안 되겠어. 아무래도 해외업무를 보려면 마케팅팀하고도 잘 지내야지.'

홍 대리는 최막강 팀장을 뒤따라 사무실 밖으로 나갔다. 최막강 팀장은 복도 끝 창가에서 등을 돌린 채 서있었다. 홍 대리는 천천히 그에게로 다가갔다.

"It went really weird. He was just very lucky but thinks he is well deserved for the good results. I don't feel like working in this company any longer. 뭐 우습게 됐지. 소 뒷걸음질 치다 쥐 잡은 격인 것 같은데 녀석이 온갖 폼은 다 잡고 있다니까. 내가 정말 회사를 옮기든지 해야지, 원."

최막강 팀장의 목소리가 들려왔다. 누군가와 전화를 하고 있었다.

'정말 최막강 팀장의 영어실력은 아무도 따라잡을 수 없다니까. 게다가 저 유들유들한 발음하며.'

홍 대리는 마음은 불편했지만 최막강 팀장의 영어실력은 인정할 수밖에 없었다. 통화 중이라 말걸기가 어색해 최막강 팀장 옆에 있는 자판기로 다가가 동전을 넣었다.

"이런, 뭐야."

최막강 팀장은 갑작스런 인기척에 화들짝 놀라며 뒤를 돌아다보았다. 홍 대리는 머쓱한 표정으로 그를 향해 미소를 지어

보였다.

'뭐야, 다 들은 거 아니야?'

최막강 팀장은 홍 대리를 한 번 보더니 홍 대리가 아무렇지도 않게 웃고 있는 모습을 보며 안도의 한숨을 내쉬었다.

"It's really awkward, he is just right in front of me. Ha-ha. 지금 정말 우스운 상황이 연출됐어. 그 녀석이 지금 내 앞에 와 있거든, 하하."

최막강 팀장은 아무렇지도 않은 표정으로 수화기 저편의 사람과 다시 통화를 시작했다. 홍 대리는 그의 환하게 웃는 표정을 보니 조금 안심이 되었다. 홍 대리는 커피를 홀짝거리며 최막강 팀장을 향해 또 한 번 웃어 주었다.

"Never mind. He doesn't understand what I'm talking about, he is just smiling at me now. Isn't it really funny? 상관없어. 어차피 알아듣지도 못하고 있어. 지금 그 녀석이 날 향해 웃고 있어. 이거 정말 재밌지 않냐?"

최막강 팀장의 통화가 길어지자 홍 대리는 다시 가볍게 인사를 하고는 사무실로 돌아왔다.

'후우, 괜히 혼자서 마음 썼잖아. 최 팀장은 저렇게 아무렇지도 않은데 말이야.'

영어 멘토를 찾아서

"너 오늘 하루 종일 왜 그래?"

황금빛이 홍 대리의 표정을 살피며 물었다.

"뭐가?"

"계속 안절부절못하고 있잖아. 게다가 가끔은 화난 사람처럼 뚱한 표정이고."

모처럼 흥겨운 분위기의 회식이었다. 그래서 홍 대리는 회식 분위기를 망치지 않으려고 나름대로는 많은 노력을 했었다. 하지만 10년 가까이 자신의 표정을 읽어온 황금빛을 속이기에는 역부족이었다.

"어디 가서 술이나 한 잔 더 하자."

홍 대리는 황금빛의 손을 잡아끌었다.

10시가 훨씬 지난 시간이었지만 홍대 앞은 사람들의 열기로 가득했다.

"저 때가 좋았지."

황금빛은 대학시절을 떠올리며 지나가는 젊은 커플들을 구경했다.

"지금은?"

홍 대리는 담배를 꺼내들며 황금빛에게 살짝 눈을 흘겼다.

"거 봐, 시도 때도 없이 눈이나 흘기구. 게다가 담배는!"

"됐어. 지금 네 잔소리 들을 기분 아니야."

홍 대리는 황금빛의 말은 아랑곳하지 않고 담배에 불을 붙였다. 눈에 띄는 호프집으로 발걸음을 옮겼다.

"도대체 뭐가 문제야? 오늘 계약은 무사히 잘 치러냈고. 프레젠테이션이 걱정인거야?"

황금빛은 종업원에게 맥주를 주문한 후 홍 대리에게 물었다.

"후우……."

담배 한 가치가 다 타들어가도록 홍 대리는 말이 없었다. 주문한 맥주가 나왔고 참다못한 황금빛이 먼저 입을 열었다.

"무슨 일인지 모르겠지만 우선 한 잔 하자. 자, 건배!"

"건배는 무슨."

황금빛이 내민 잔을 본체만체하며 홍 대리는 맥주를 벌컥벌컥 들이켰다.

"너, 정말 계속 이럴래? 이럴 거면 왜 날 여기로 데려왔어?"

참다못한 황금빛이 자리에서 벌떡 일어났다. 순간 주위의 시선이 홍 대리의 테이블로 집중됐다.

"야, 진정해. 알겠어. 말할게."

홍 대리가 황금빛의 팔을 잡아당기며 자리에 앉혔다.

"내가 너한테 뭘 숨기겠냐. 사실은……."

홍 대리는 ITS Asia에서 있었던 일에 대해 자세히 말하기 시작했다.

"야, 그만해라. 안 봐도 비디오다! 그럼 그렇지. 난 네가 혼자서 그 계약을 성사시켰다기에 나 몰래 따로 영어공부를 하는 줄 알았어. 너 우리회사에서 버텨내려면 영어가 필수라는 거 몰라?"

"에잇, 그래서 내가 지금 이렇게 머리 벅벅 긁고 있는 거 아니냐? 잔소리만 하지 말고 뭔가 대안을 좀 말해줘."

회식 자리에서 마신 소주가 이제야 올라오는 듯 홍 대리의 얼굴은 발그레한 홍당무가 되어 있었다. 황금빛은 한심하다는 표정으로 홍 대리를 쳐다보았다.

"프레젠테이션은 한 달 뒤야. 지금 뭘 준비한다고 해도 그게 되겠냐? 그러게 내가 평소에 얼마나 영어공부하라고 잔소리를 하든?"

홍 대리는 연신 머리를 긁으며 테이블만 바라보고 있었다.

"차라리 왕 팀장님이나 본부장님한테 사실대로 말을 하지 그래?"

맥주을 들이키며 황금빛이 말했다.

"누가 나한테 다시 그런 중요한 프레젠테이션이 맡겨지리라고 예상이나 했냐. 그럴 줄 알았으면 나도 진즉에 말했지."

"아니, 그러면 나중에라도 말하지. 뒷수습이야 어떻게든 윗분들이 해주시지 않겠어? 회사의 중요한 프레젠테이션을 망치는 것보다야 미리 자수하는 게 낫지."

황금빛은 한심하다는 눈빛으로 홍 대리를 쳐다보았다.

"나도 그러려고 했지. 그런데 너도 사무실에서 본부장님 표정 봤지? 게다가 병원에 갔을 때도 왕 팀장님 반응 역시 마찬가지였어. 특히 최막강 팀장을 물 먹였다고 생각하시는지 얼마나 통쾌해 하셨는지 알아?"

"하긴……. 나도 싸가지 물 먹은 건 통쾌하더라."

"야, 황금빛. 나 좀 살려주라. 너 아나운서 시험 준비하면서 영어공부 좀 했잖냐. 외국인이랑 대화도 된다고 네가 자랑했던 거 같은데."

홍 대리는 황금빛의 손을 덥석 잡으며 애절한 눈빛을 보냈다.

"그야, 뭐. 어느 정도야 하지. 하지만 너한테 주어진 시간은 한 달이라구."

"그래서 도와줄 수 없다는 말이야?"

"그게 아니라, 내 말은……."
"여기, 맥주요!"
황금빛의 말을 가로막고 홍 대리가 소리를 버럭 질렀다.
"성질 하고는. 잠깐만 기다려 봐."
가방에서 휴대폰을 꺼낸 황금빛이 누군가에게 전화를 걸었다.
"여보세요? 오빠? 나 금빛. 안 바빠?"
황금빛은 콧소리까지 섞어가며 전화기 저쪽의 남자에게 애교를 부렸다.
"뭐? 오빠? 야! 네가 오빠가 어디 있어…… 웁!"
전화기를 향해 소리를 질러대는 홍 대리의 입을 황금빛이 손으로 막았다. 그리고는 조용히 하라는 눈짓을 보냈다.
'쳇, 웃기고 있네. 오빠는 무슨 오빠.'
예쁜 외모 덕분에 대학 시절부터 황금빛을 쫓아다니는 선배들이 많았다. 홍 대리와 황금빛이 캠퍼스 커플이라는 것이 알려졌을 때 대부분의 남자 선배들은 "어떻게 황금빛 같은 어여쁜 후배가 홍대강 같은 어리바리와 커플이 될 수 있냐"며 어이없어 했다.
"오빠, 나 부탁이 하나 있어서 전화했어. 내 친구 중에 어리바리가 하나 있는데……."
"뭐! 어리바리! 아얏!"
자신을 '어리바리'라고 표현하는 황금빛의 말에 흥분한 홍 대리가 그녀의 휴대폰을 뺏으려고 하자 황금빛이 테이블 아래로 홍 대리의 무릎을 찼다.

"어? 아무 것도 아니야. 어쨌건 오빠가 그 친구 좀 도와줬으면 좋겠어. 사정이 아주 급하게 되었거든."

홍 대리는 더 듣고 있을 수 없다는 듯 자리에서 일어났다.

"야, 나 먼저 간다."

황금빛은 홍 대리가 뭐라고 얘기하는지 제대로 듣지도 못한 채 연신 웃어대며 열심히 전화를 하고 있었다. 홍 대리는 무심하게 밖으로 나왔다. 시계를 보니 자정이 다 되어 갔다.

전화통화를 마치고 밖으로 나오려는 황금빛을 종업원이 불렀다. 황금빛의 표정이 일그러지더니 지갑에서 돈을 꺼내 계산하는 모습이 보였다.

'내가 좀 심했나? 아냐, 남자친구한테 어리바리라고 한 자기는 뭐!'

"야! 쫌생원!"

"뭐? 쫌생원?"

"그래. 어리바리에 쫌생원아! 왜? 여자친구 버려두고 혼자 집에 가 보시지!"

"됐네! 내가 말을 말아야지. 아무나 보고 오빠, 오빠 하는 너한테 내가 무슨 말을 하냐?"

"오호, 자기 질투하는구나? 잉, 진작 말하지. 내가 그렇게 좋아?"

황금빛은 언제 그랬냐는 듯 생글거리며 홍 대리의 팔짱을 꼈다.

"사실 아까 그 전화 외사촌 오빠야."

황금빛은 외사촌 오빠인 박 코치에 대한 이야기를 홍 대리에게 들려주었다. 박 코치는 대학에서 체육을 전공했지만 자신만의 특별한 방법으로 영어에 눈을 뜨게 되었다고 했다. 그리고 지금은 억대 연봉을 받는 최고의 강사로 전혀 새로운 인생을 살고 있다는 것이었다.

'쳇! 억대는 무슨 억대? 기껏 한 달에 몇백만 원 받겠지.'

홍 대리는 전화 속 남자가 황금빛의 외사촌 오빠란 말에 안도감이 들었지만 한편으로는 억대 연봉을 운운하니 은근히 자존심이 상했다.

"내가 볼 땐 지금의 너에게 도움을 줄 수 있는 사람은 그 오빠 밖에 없어."

"네 외사촌 오빠가 무슨 수로 나를 구하냐? 솔직히 학원강사들 실력이야 다 거기서 거기지. 그리고 학원에서 해결될 문제였음 벌써 내가 학원부터 달려갔다."

황금빛에게 도움을 요청하긴 했지만 솔직히 홍 대리는 이 상황이 아주 비관적이었다. 한 달이라는 짧은 시간 동안 자신을 영어천재로 만든다는 것은 그 누구도 불가능한 일이었다.

"어쨌건 오빠를 한 번 만나봐. 내가 주말에 약속 잡아놨으니 시간 꼭 비워 놔."

"알겠어. 지금 나야 썩은 동아줄이라도 잡아야지. 안 그러면 빠져 죽게 생겼는데."

"어쩜, 말을 해도 그렇게 하냐. 그냥 고맙단 한 마디면 되지. 무슨 말이 그리 많아?"

"그래, 그래. 고맙다. 내 여친."

"참, 이건 그 오빠 카페 주소야. 회원이 제법 많아. 좋은 정보도 많으니까 시간 나면 한 번 들러봐."

황금빛은 수첩을 찢어 박 코치의 인터넷 카페 주소를 적어주었다. 황금빛을 데려다 주고 집으로 돌아온 홍 대리는 책장부터 뒤져보았다. 《AFKN으로 배우는 영어》, 《다시 시작하는 영어회화》, 《300패턴만 외우면 영어회화 끝》 등 영어 관련 책이 몇 권 꽂혀 있었다.

"쳇, 그래도 제법 시도는 했었군!"

그 중 한 권을 빼들고는 침대에 드러누웠다.

"아함!"

감기는 눈꺼풀을 이기기 위해 크게 하품도 해보았지만 소용이 없었다.

'왜 이리 졸리지? 책에 수면제라도 뿌려져 있나?'

"좋은 아침입니다!"

고만해가 우렁찬 목소리로 아침인사를 하며 사무실로 들어섰다.

"어, 사부님! 웬 영어책?"

"야, 소리 좀 낮춰."

홍 대리는 주위의 눈치를 살피며 고만해에게 인상을 썼다.

"아하, 빅애플 프레젠테이션 때문에 그러시는군요. 역시 사부님답습니다. 언제나 만반의 준비를 하시는."

"이그. 너 제발 그 입 좀 어떻게 해라."

홍 대리는 읽고 있던 책을 덮어 한 쪽으로 밀어버렸다. 영어도 영어지만 프레젠테이션 자료를 만드는 것도 만만치 않은 작업이었다. 홍 대리는 고만해에게 필요한 자료를 찾도록 지시했다.

'참, 박 코친가 뭔가 하는 금빛 외사촌 오빠를 내일 만나기로 했지? 카페 주소 적은 게 어디 있더라?'

홍 대리는 가방에서 카페 주소가 적힌 메모지를 찾았다.

"여기 있군."

인터넷 창에 주소를 쳐넣었다.

"박 코치의 쌩코피 영어 훈련소? 뭐야, 회원수가 거의 3만

명이나 되잖아."

　카페는 여느 스터디 카페와 별로 다르지 않았다. 각 메뉴별로 새 글이 올라와 있다는 오렌지색 아이콘이 깜빡여서인지 카페가 살아있다는 느낌이 들었다.

　메뉴의 대부분이 회원가입을 해야 볼 수 있었다. 홍 대리는 메뉴 중 '나의 훈련 성공담'이라는 것에 관심이 갔다.

　'그래. 아무리 좋은 스승도 가르침의 결과가 좋지 못하면 말짱 꽝이지.'

　다행히 훈련 성공담은 비회원도 글을 읽을 수 있게 되어 있었다.

　그곳에 올라온 글들은 완전 초보에서 시작해서 영어를 완전 정복한 사람들부터 토익점수 몇백 점 향상, 외국 유학 및 이민 성공 등 각양각색의 사연들이었다. 그러나 하나같이 박 코치와 함께 훈련해서 성공했다는 감사의 말들이었고, 현재 내 생활에서는 상상도 할 수 없을 만큼 많은 노력을 하고 있었다.

　"이 양반, 보통 사람은 아닌 것 같군."

　어쨌건 황금빛의 외사촌 오빠인 박 코치가 허당이 아님이 분명해졌다.

'와이 디든'과 '와든'의 차이를 알다

"도심 한 가운데 이렇게 앙증맞은 공원이 다 있었네."

아직 단풍이 채 물들지도 않은 나뭇잎을 매만지며 황금빛이 혼잣말처럼 속삭였다. 황금빛의 말처럼 공원은 그리 크지는 않았지만 잘 가꾸어져 있었다. 연보라와 진보라를 잘 섞어 놓은 키 작은 소국들 때문인지 여러 색의 꽃나무들이 계획 없이 심어져 있는 여느 공원과는 확실히 다른 느낌이었다.

"부자 동네라 그래."

홍 대리는 황금빛을 따라 공원을 거닐며 주위의 아파트 숲들을 바라보았다. 소위 말하는 '억'이 누구네 집 아들 이름인 동네다.

"그래, 나도 언젠가 이런 세상을 넘본 적이 있었지."

"지금은?"

황금빛은 가던 걸음을 멈추고 홍 대리를 뒤돌아보며 물었다.

"지금은……. 너도 알다시피 세상이 그리 만만치 않잖아. 세상 모든 일들이 꿈꾸는 대로, 바라는 대로 이루어진다면 왜 부자와 가난한 사람, 성공한 사람들과 실패한 사람들이 나뉘겠냐?"

발끝으로 작은 돌멩이를 걷어차며 홍 대리가 말했다.

"하지만 우리처럼 평범한 사람들 중에서도 부자가 되고, 성공하는 사람들은 수없이 많아. 우리 외사촌 오빠만 해도 그래. 남들과 다르지 않은 평범한 사람이었지만 어느 순간 자신의 꿈을 정하고 열심히 노력하니 지금은 억대 연봉을 받는 인기 강사가 되었잖아. 누가 알아? 너도 1,2년 쯤 후면 영어에 도를 통해 미국지사에서 근무하게 될지."

"아서라. 이렇게 영어 때문에 헤매는 날 보고도 그런 소리가 나오냐."

"어허! 일체유심조라! 모든 일은 마음먹기에 달렸다잖아. 왜 하기도 전에 안 된다는 생각부터 하냐?"

황금빛은 홍 대리의 등허리를 '툭' 한 대 치고는 너털웃음을 지었다. 곱상한 황금빛의 외모에 어울리지 않는 웃음이지만 홍 대리는 10년 동안 익숙해진 그 웃음소리가 좋았다.

"어이, 황금빛!"

어디선가 황금빛을 부르는 소리에 홍 대리와 황금빛 두 사람이 동시에 고개를 돌렸다.

"어머, 오빠!"

"이런, 미안하네. 내가 좀 늦었지?"

"괜찮아요. 여기 공원이 너무 예뻐서 시간 가는 줄 몰랐어요."

"그렇다면 다행이구. 그나저나 이 친구가 네가 말했던 남자친구야?"

박 코치는 홍 대리를 아래위로 훑어보더니 불쑥 손을 내밀었다.

"아, 네. 홍대강입니다."

홍 대리는 얼떨결에 두 손으로 박 코치의 손을 부여잡으며 악수를 했다. 한눈에 강인함과 카리스마가 느껴져 움찔했다.

"반가워요. 홍대강 씨라고 했죠? 박정원입니다."

"말씀 놓으세요. 저보다 형님이신데."

"그럴까?"

홍 대리가 말을 놓으라고 하자 박 코치는 한 치의 머뭇거림도 없이 곧바로 하대를 했다. 홍 대리는 그런 박 코치의 모습이 조금은 어이없었다.

"자, 일단 두 분이 앉아서 말씀 나누시죠."

황금빛이 벤치에 떨어진 나뭇잎을 치우며 두 사람을 자리로 안내했다.

"내 도움이 필요하다고 들었는데 뭐지?"

박 코치는 자리에 앉더니 대뜸 용건부터 물었다.

"네, 그게……."

홍 대리는 지난 일주일 간 자신에게 일어났던 변화들에 대해 솔직히 털어놓았다.

"그래서 얼떨결에 제가 빅애플 건의 프레젠테이션을 맡게 되었습니다. 솔직히 저로서는 암담할 뿐입니다. 후우."

이야기를 마친 홍 대리는 큰 한숨을 내쉬었다. 박 코치는 말없이 홍 대리를 바라보았다. 어떤 생각을 하는지 알 수 없는 눈빛에 홍 대리는 힘없이 고개를 떨어뜨렸다.

"네 생각은 어때? 혹시 날 만나러 오면서 어떻게 했으면 좋겠다는 본인 생각이 있지 않을까 싶어서."

"그게……."

홍 대리는 작은 소리로 우물거릴 뿐 답을 하지 못했다.

"뭐야? 너 뭔가 좋은 생각이 있는 거야?"

황금빛은 눈을 반짝이며 홍 대리를 쳐다보았다.

"솔직히 제 심정은 이번 기회에 형님에게 영어를 제대로 한 번 배워 보고 싶습니다. 근데, 문제는 시간이 없다는 것입니다."

홍 대리는 넉살 좋게 박 코치에게 형님이라고 불렀다.

"그래서 제 생각엔 빅애플 프레젠테이션의 스크립트를 미리 작성해서 외우면 어떨까 합니다. 제가 외우는 것 하나는 잘 하거든요."

홍 대리의 말이 끝나자마자 박 코치의 얼굴이 구겨졌다. 황금빛은 홍 대리의 허벅지를 살짝 꼬집었다. 홍 대리는 영문을 몰라 두 사람의 얼굴을 번갈아 쳐다보며 눈치를 살폈다.

"네가 날 찾아온 이유는 프레젠테이션 때문이니, 어쨌건 그것을 성공적으로 마치게 해주는 게 내 역할이겠지. 그렇다면 짧은 시간에 할 수 있는 방법이라곤 그것밖에 없지."

박 코치의 말에 잠시 움츠려들었던 홍 대리의 어깨가 활짝 펴지는 듯했다.

"하지만 이번 한 번뿐이야. 정말 영어를 배우고 싶다면 그렇게 해선 안 되지. 시간이 걸리더라도 제대로 해야 하지 않을까?"

홍 대리는 박 코치의 묵직하게 낮은 목소리에 마치 자신의 속마음을 들키기라도 한 것처럼 기가 죽었다.

"넵! 형님. 지당하신 말씀입니다."

홍 대리는 일부러 큰 목소리로 대답했다. 박 코치는 가급적 빠른 시일 내에 프레젠테이션의 자료를 보내달라고 했다. 자료를 기반으로 프레젠테이션에서 홍 대리가 해야 할 말을 미리 시나리오로 작성하고 그것을 통째로 영어로 번역해주겠다는 것이었다.

"단, 아무리 그것들을 잘 외워서 말한다고 해도 상대가 알아듣지 못한다면 아무 소용이 없지. 결국 관건은 발음이야."

"하하, 형님. 발음은 제가 좀 자신 있습니다. 이래 봬도 학교 다닐 때 발음 좋다는 말은 많이 들었습니다."

홍 대리의 자신 있는 말투에 박 코치는 말없이 웃기만 했다.

"허, 믿지 못하시네. 제가 학교에서 원어민 교수랑 이야기를 나눌 때도 문제 없었다구요."

"과연 그럴까? 그 교수가 네 발음을 알아들었다고 자신만만해 하는 건 큰 착각이야. 그 양반은 이미 우리나라 사람들의 한국식 영어발음에 익숙해졌기 때문에 네 말을 알아들었던 것일 수도 있어."

"발음이 거기서 거기지, 그렇게 다른가요? 제 딴에는 사전에 나온 발음기호를 보며 연습도 했었는데……."

"잘 들어. 나랑 같이 일하던 미국인 강사가 겪었던 일이야. 원래 이 사람은 성격이 급해 말도 빨리하는 편이었지. 그런데 얼마 전 미국에 있는 친구와 통화를 하게 되었어. 정말 오랜만에 통화를 한 것인데, 친구가 갑자기 '왜 그래? 나한테 화난 일이라도 있어?'라고 묻더라는 거지."

박 코치의 말에 따르면, 그 미국인 강사는 친구의 말에 놀라 왜 자신이 화가 났다고 생각하느냐고 되물었다. 그러자 친구는 왜 그렇게 말을 천천히 하느냐는 것이었다. 천천히, 또박또박 말하는 것이 마치 따지는 것처럼 보였던 것이다.

"그 미국인 강사는 자신도 모르게 한국인에게 맞춰서 천천히 말하는 버릇이 생겨버렸던 거야. 발음도 마찬가지야. 너와 대화를 했다는 그 원어민 교수는 한국식 영어발음에 익숙해져 있었기에 통한 거지. 결국 너의 발음은 미국에 있는 클라이언트한테는 통할지 알 수 없다는 말이야."

박 코치의 말을 듣고 보니 홍 대리는 다시 큰 벽에 부딪힌 느낌이 들었다. 단순히 영어를 줄줄 외워서 말한다고 해도 빅애플사의 담당자가 알아듣지 못한다면 아무 소용없는 일이었다.

"형님, 어떻게 해야 좋겠습니까? 제 혀는 3년 동안이나 영어를 말해본 적도 없을뿐더러 형님 말씀대로라면 그 이전이라고 한들 제대로 된 발음도 아니었을 텐데 말이죠."

"그건 말이야……."

두 사람의 이야기가 점점 무르익어 가자 황금빛은 조용히 자리에서 일어나 공원을 둘러보고 있었다. 홍 대리는 아이처럼 공원의 여기저기를 구경하고 다니는 황금빛에게 불현듯 미안한 생각이 들었다. 빨리 이야기를 마무리하고 황금빛과 주말 데이트를 즐기러 갈 요량으로 박 코치를 재촉하기 시작했다.

"형님, 그럼 시나리오에 한글로 토를 달아주시면 안 될까요? 원어민 발음으로 적어놓으면 될 것 같은데."

"한글로 적어달라고? 그동안 미국영화나 드라마를 본 적도 없어? 그럼 이걸 읽어봐."

박 코치는 땅에다 'rice'와 'lice'를 적었다. 홍 대리는 나름대로 혀를 굴리며 발음을 해보았지만 자신이 듣기에도 그게 그거였다.

"이 두 단어의 미묘한 발음차이는 한글로 절대 표기하지 못해. 이런 게 한두 가지가 아닐 텐데 토를 달아달라고?"

홍 대리는 멋쩍은 기분에 헛기침만 했지만 박 코치는 단호한 표정으로 말을 이었다.

"이봐, 잘 들어. 외우는 건 자신 있다고 했으니 내가 번역해서 줄 시나리오를 일주일 만에 외워. 그런 다음에 내가 직접 녹음해서 MP3 파일로 줄 테니 그걸 듣고 발음을 흉내 내봐."

"흉내요?"

"그래. 성대모사를 한다는 생각으로 완벽하게 발음을 흉내 내란 말이야."

홍 대리는 박 코치의 말을 잘 이해하지 못하겠다는 표정을 지어보였다. 박 코치는 다시 땅에 'Why didn't you come here?'라는 문장을 적었다. 그리고 홍 대리에게 읽어보라고 했다.

"와이 디든……."

"내 그럴 줄 알았어."

"네?"

홍 대리는 어안이 벙벙했다. 이런 기초적인 문장을 두고 박 코치가 뭐라 하니 기분도 약간 나빴다.

"실제 원어민들이 이 문장을 읽을 때는 '와이 디든'이 아니라 거의 '와든'으로 읽어. 한국 사람들도 스크립트가 없이 음성으로만 들려주고 무조건 흉내를 내라고 하면 그대로 '와든츄컴'과 비슷하게 발음해. 그런데 스크립트를 보여주고 소리를 들려주면 대부분 '와이 디든츄컴'이라고 엉터리 발음을 하지."

홍 대리는 머리가 지끈거렸다. 그냥 한 달 동안 달달 외우면 될 거라고 생각했는데 염두에 둬야 할 게 너무 많았던 것이다. 그렇다고 다른 뾰족한 수가 있는 것도 아니었다. 일단 시키는 대로 하겠다고 다짐했다. 박 코치는 벤치에서 일어나 기지개를 켰다.

"이제 나의 황금 같은 주말을 방해하지 말고 그만 가라."

박 코치는 여유로운 걸음으로 공원을 빠져 나갔다.

"뭐해? 이제 뭐할 거야?"

박 코치가 완전히 사라지자 황금빛이 홍 대리의 팔짱을 끼며 물었다.

"응? 데이트해야지. 우리도 간만에 영화도 보고 맛있는 것도 먹지 뭐."

두 사람은 가을날의 정취를 만끽하면서 공원 밖으로 나갔다. 홍 대리는 당분간 황금빛과 이렇다 할 데이트는 즐기지 못할 거란 예감이 들었다.

영어, 최소 열 번은 찍어야 넘어온다

출근을 위해 지하철을 기다리는 홍 대리의 한 손에는 박 코치가 적어준 프레젠테이션 시나리오가 들려있었다.

"아함! 으이구, 막상 외우려니 머리에 쥐가 나네, 쩝."

문장 하나하나를 중얼거리며 외우던 홍 대리가 한 손으로 입을 가리고 하품을 해댔다. 그러다가 누군가와 눈이 마주쳤다. 요즘 지하철역에서 자주 보는 외국인이었다. 얼마 전엔 발까지 밟힌 적이 있었다. 홍 대리와 눈이 마주친 외국인은 씩 웃으며 '하이!'라고 가볍게 인사를 했다. 엉겁결에 홍 대리도 '하이!'라고 하며 어정쩡하게 목례를 했다.

'뭐야. 저 사람도 이 시간에 항상 출근을 하나 보네?'

지하철이 오자 운 좋게 자리에 앉은 홍 대리는 계속 시나리오를 들여다봤다. 쉽게 외워지는 게 아니다보니 자꾸 졸음이 왔다. 뭔가를 보면서 꾸벅꾸벅 조는 게 창피하게 느껴졌던 홍 대리는 양손으로 얼굴을 문지르며 잠을 쫓아냈다. 다시 집중을 해서 시나리오를 보았지만 이번엔 한 번에 술술 넘어가지 않는 문장과 단어 때문에 짜증이 났다. 시나리오에 있는 웬만한 단어는 다 안다고 생각했는데 전문용어나 낯선 단어를 보면 어떻게 발음해야 할지 난감했다. 자칫 잘못 발음한 것을 외워버리면 나중에 교정하기 더 힘들 것 같았다.

'어젯밤에 미리 전체를 읽고 모르는 발음들을 표기해놓을 걸 그랬나? 어떡한다……'

그때 휴대폰이 눈에 들어왔다. 홍 대리는 그제야 휴대폰에 사전 기능이 있다는 게 기억이 났다. 전문용어가 다 있는 건 아니었지만 몇몇 단어는 발음까지 찾을 수가 있었다.

'쓸데없는 기능이라 생각했는데 요긴하게 써먹네. 그런데 음성까지 들을 수 있도록 전자사전을 하나 사야겠군. 이것도 어차피 투자니까.'

박 코치에게 외우는 건 자신 있다고 큰소리쳤던 탓에 어찌됐건 일주일 안에 다 외워야 했다. 그래서 홍 대리는 시나리오에 집중하기 시작했다. 문장을 외우는 간간이 짜증이 밀려왔지만 딱히 뾰족한 다른 수도 없었다. 게다가 다른 방법을 찾을 만한 시간적 여유도 없었기에 울며 겨자 먹기로 문장을 머릿속에 구겨 넣어야 했다. 이런저런 생각을 하다 보니 어느덧 내려야 할 지하철역에 도착했다.

사무실에 들어선 홍 대리는 다른 사람이 볼까봐 시나리오를 가방 깊숙이 넣었다. 대신 모니터 한쪽 구석에 프레젠테이션 시나리오를 페이지별로 구분한 메모를 항상 띄워놓았다. 그렇게 짬짬이라도 외워야 했다. 그런데 반나절도 안 돼 새로운 문제가 발생했다. 프레젠테이션 내용에 대해 자꾸 수정지시가 떨어졌다. 이미 최종 프레젠테이션 안을 박 코치에게 보낸 뒤였다.

'젠장, 뭐야. 또 고쳐? 이래서 어떻게 외우라는 거야?'

홍 대리가 씩씩거리며 투덜대고 있는데 메신저가 깜박였다. 황금빛이 보낸 것이었다. 잠시 쉬자며 옥상으로 호출했다. 홍 대리는 메신저를 닫고, 옥상으로 올라갔다.

"프레젠테이션 준비는 잘하고 있어?"

생글거리는 얼굴로 황금빛이 커피를 건넸다.

"말도 마. 프레젠테이션 내용을 자꾸 바꾸라고 해서 미치겠다. 시나리오를 수정해야 하는데 형님한테 다시 부탁해야 하잖아."

"그래? 할 수 없지. 오빠도 그 정도는 이해해줄 거야. 어차피 프레젠테이션이 성공할 수 있도록 도와준다고 했으니까. 근데 외우는 게 자꾸 바뀌어서 헷갈리겠다."

"뭐, 핵심적인 전달 내용은 바뀌지 않아서 크게 문제는 되지 않을 것 같아. 원래 프레젠테이션이란 게 발표하기 하루 전까지 손을 보는 것이니 감수해야지."

둘은 준비해온 커피를 다 마시고 다시 사무실로 돌아갔다. 홍 대리는 업무를 시작하기 전에 다시 시나리오를 모니터에 띄워놓고 눈으로 외웠다. 어느 틈엔가 웅얼거리는 소리가 입으로 새어나갔고 마침 뒤를 지나고 있던 최막강 팀장이 그걸 듣게 되었다.

"오호! 프레젠테이션 시나리오를 점검하나 보네. 근데 발음이 그래서 클라이언트가 알아듣겠어? 아무튼 우리나라 사람들은 발음이 문제야. 그래서 한 번쯤은 영어의 본고장에 갔다 와야 한다니까. 그런데 용케 영작은 되나 보네. 하하."

홍 대리는 은근히 부아가 치밀었다. 불난 집에 부채질한다고 최막강 팀장은 홍 대리의 아킬레스건을 건드렸다. 홍 대리는 자신을 비웃는 듯 한 마디 던지고 가는 최막강 팀장의 뒷모습을 가자미눈을 뜨고 쏘아보았다.

'그래, 지금은 네 맘대로 비웃어라. 어디 프레젠테이션 한 다음에 보자고. 그놈의 대책 없는 콧대를 그냥 콱!'

최막강 팀장이 자신의 신경을 긁자 홍 대리는 오히려 집중력이 더 생기는 것 같았다. 머리에 띠만 두르지 않았지 완전히 수험생의 불타는 열의와 같았다.

홍 대리는 박 코치와 약속한 일주일이 되자 박 코치가 강의

하는 학원으로 갔다. 외우는 것에는 일단 성공했다. 전자사전과 그동안 방 한구석에 처박아 두었던 영한사전까지 꺼내 단어의 발음과 소리를 따라했다. 처음엔 사전 찾는 것도 오랜만이라 답답했지만 이제 어느 정도 적응이 되었다. 발음도 한동안 하지 않았던 것이라 자꾸 혀가 꼬였다. 몇 번이고 반복하니 조금 나아진 것 같기는 했지만 여전히 불만족스러웠다. 게다가 자꾸 바뀌는 프레젠테이션 내용 때문에 애를 먹었다. 하지만 핵심적인 메시지를 확실히 외우고 나니 걱정이 덜해졌다.

"왔어? 그래 약속한 대로 다 외웠겠지? 어제도 나한테 내용이 좀 바뀌었다고 번역을 다시 해달라고 했는데 그것도 다 외웠어?"

여전히 불필요한 말은 하지 않고 핵심만 이야기하는 박 코치의 반응에 홍 대리는 살짝 긴장했지만 얼굴에 미소를 띠며 시나리오를 꺼냈다.

"제가 원래 벼락치기에 강하죠. 헤헤. 일단 한 번 들어보실래요?"

홍 대리는 시나리오를 꺼내 박 코치에게 주고 외우기 시작했다.

"Thank you for listening. And have a nice day. 경청해주셔서 감사합니다. 좋은 하루 되세요."

막힘없이 술술 프레젠테이션 시나리오를 읊은 홍 대리는 마지막 인사까지 마쳤다.

"정말 외우긴 다 외웠군. 근데 역시 발음이 문제란 것은 알고 있겠지?"

박 코치는 걱정이라는 투로 말했다.

"네."

"그거야 어차피 알고 있었던 거니까 서로 노력하는 수밖에 없겠지. 그럼 시나리오 음성파일은 메일로 주면 되겠지? MP3 플레이어에 옮겨서 잘 듣도록 해. 시나리오 파일을 열면 각 문장별로 열 번씩 반복되게 만들어 놨으니 한 번 틀면 끝까지 들어야 돼. 아마 자연스럽게 반복 청취가 가능할거야. 들으면서 계속 따라 읽어봐. 물론 가능한 똑같이 흉내 내면서."

"네? 열 번씩이나요?"

홍 대리는 열 번 반복 청취라는 박 코치의 말에 눈이 동그래져서는 물었다.

"열 번은 가장 최소 단위로 반복 청취하는 거야. 말 그대로 귀가 뚫리고 다 외워질 때까지 들으려면 열 번이 아니라 몇 백 번이라도 들어야겠지. 안 그래?"

박 코치는 앞으로도 프레젠테이션 내용이 바뀌는 것이 있으면 바로 음성파일로 보내주겠다고 말했다. 그리고 흉내 낸다는 생각으로 발음을 익히라는 말도 덧붙였다.

"고맙습니다. 형님."

"아, 그리고 매일 잠들기 전에 그날 들었던 문장들을 직접 소리 내어 읽고 녹음을 해봐. 그리고 녹음한 걸 다시 들어봐. 내가 했던 것과 네가 했던 것을 비교하란 말이야. 그럼 확실히 잘못 발음했던 걸 찾아낼 수 있을 뿐만 아니라 기억하기가 더 쉬울 테니."

박 코치와 이야기를 마치고 홍 대리는 학원 밖으로 나왔다. 담배를 꺼내 입에 문 홍 대리는 마음이 복잡했다. 박 코치의 도움으로 완벽하게 준비가 되고 있다는 생각이 들었지만, 한편으로는 프레젠테이션 때 정말 완벽하게 연기 아닌 연기를 할 수 있을까라는 불안감도 들었다. 라이터를 꺼내려 주머니에 손을 넣었는데 휴대폰이 울렸다. 황금빛으로부터 걸려온 전화였다.

"응, 나야. 여기? 형님 학원 앞이야."

"그래? 오늘 만난 거야? 난 몰랐네."

홍 대리가 박 코치를 찾아갔다는 말에 황금빛의 목소리가 금세 밝아졌다.

"아, 외근 나왔다가 퇴근하기 전에 바로 들른 거야. 근데 내가 지금 잘하고 있는 건지 모르겠다."

"왜? 오빠가 뭐라 싫은 소리라도 했어?"

"아니, 그런 건 아닌데 막상 해보니 만만치 않기도 하지만 프레젠테이션 때 완벽하게 할 수 있을지도 모르겠고……."

"됐어. 뭘 그리 고민해? 지금 다른 방법이 있는 것도 아니잖

아. 열심히 하기만 하면 다 잘 될 거야. 제발 좀 자신감을 가져. 나도 영어공부를 제대로 해보자고 시작했을 때 자신감이 없어 힘들었어. 그런데 오빠가 그러더라고. 영어공부할 때 중요한 것 중의 하나가 바로 자신감이라고 말이야."

구구절절 맞는 말이다. 하지만 곱게 들리지만은 않았다. 누구나 말은 쉽게 하는 법이라고 반박하고 싶었지만 홍 대리는 애써 말을 참았다.

집으로 돌아온 홍 대리는 메일을 확인하고 녹음파일을 다운받았다. MP3 플레이어를 꺼내 귀에 꽂았다. 스크립트를 박 코치에게 건네준 탓에 음성에만 의존해서 내용을 파악해야 했다. 그런데 어찌된 영문인지 도통 알아들을 수가 없었다. 간혹 몇몇 단어가 귀에 들어오긴 했지만 자신이 외운 그게 맞는지 의심이 들 정도였다.

"정말 발음이 장난이 아니군."

자신이 외웠던 발음과는 천지 차이였다. 게다가 말하는 속도도 엄청났다. 영어회화 테이프 정도의 속도로 예상했던 홍 대리로서는 적잖이 놀랐다. 게다가 정말 박 코치 말대로 한 스크립트가 열 번이나 반복 저장되어 있었다.

홍 대리는 MP3 플레이어를 귀에 꽂고 집밖으로 나왔다. 늦가을이라 그런지 밤공기가 꽤 쌀쌀했다.

"후우."

어깨를 잔뜩 웅크린 채 담배를 꺼내 물은 홍 대리는 주위를 둘러봤다. 동네 아주머니들이 앞뒤로 손뼉을 쳐가며 산보를 하고, 아저씨들은 가볍게 경보를 했다. 여유롭게 운동을 즐기는 그들이 부럽다는 생각이 들었다.

'젠장. 어쨌거나 프레젠테이션만 끝나면 업무조정을 해달라고 해야지. 도저히 이렇게는 못 살겠어.'

홍 대리는 지하철에서도 MP3 플레이어를 들으며 발음교정을 했다. 귀로는 듣고, 입으로는 소리 내지 않은 채 입맛 벙긋하며 따라했다. 하루하루 프레젠테이션 날짜가 다가올수록 지하철이나 사무실, 집에서도 틈나는 대로 외우고 또 외웠다. 시나리오가 수정되면 수정되는 대로 번역과 녹음을 박 코치에게 부탁했다. 그런 홍 대리의 모습을 지켜보며 황금빛은 대견해했다.

"그나저나 오늘이 발음 테스트하는 날이지? 이제 마지막 테스트네. 지난번에도 계속 혼났는데……. 어휴, 어차피 한국 사람이 하는 영어가 거기서 거긴데, 뭐하려고 네이티브 발음을 흉내 내라고 하는 거야!"

홍 대리는 연신 투덜투덜하며 커피를 홀짝거렸다.

"야, 뭐라고 구시렁거리는 거야?"

어느새 홍 대리가 나가는 모습을 보고 황금빛이 뒤따라왔다.

"오빠가 그랬잖아. 발음은 단지 네이티브만큼 영어를 잘 한다는 것을 보여주기 위한 것이 아니라고. 외국인 앞에서 프레젠테이션을 하는 사람이라면 유창한 영어실력을 뽐내는 사람으로 보이기보다 정확한 의사전달을 하는 사람으로 인식되어야 신뢰를 얻을 수 있는 법이라고 말이야."

"어휴, 그래 네 말이 다 맞다!"

홍 대리는 시계를 들여다보고는 급히 사무실로 향했다. 퇴근 후에 박 코치에게 마지막 테스트를 받아야 했다.

"이그, 저 밴댕이!"

황금빛은 혼자 돌아서서 가버리는 홍 대리의 뒤통수를 쏘아보며 투덜거렸다. 하지만 이내 그녀의 얼굴엔 웃음이 번졌다. 지난 한 달간 너무나 잘해온 홍 대리였다.

박코치의 영어 훈련소
영어의 소리그릇을 만들어라!

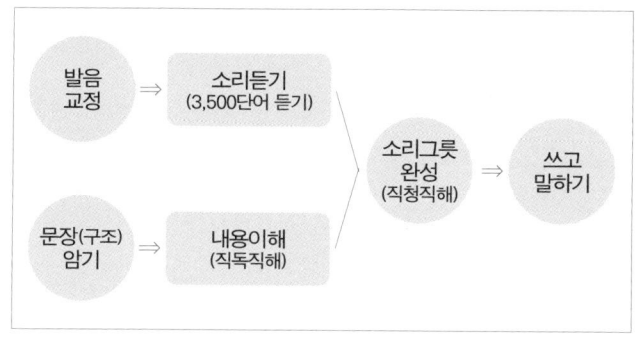

한 언어를 듣기 위해서는 반드시 다음 두 가지 능력을 가져야 한다. 하나는 소리듣기 능력 Recognizing the sound 이고, 또 다른 하나는 이 소리를 이해하는 내용이해 능력 Meaning recognition or Decoding 이다.

소리듣기 능력이란 미국인들이 일상생활에 95퍼센트 이상 주로 사용하는 3,500단어의 소리를 들을 수 있는 능력을 말한다. 그리고 이 단어들은 우리나라 중학교 2학년 교과과정에 나오는 3,500단어와도 거의 일치한다.

이처럼 우리는 이미 중학교 과정에서 미국인들의 일상생활에서 95퍼센트 이상 사용하는 3,500단어를 접하게 된다. 실제로 외국영화나 드라마에 나오는 대사를 반복해서 듣고 이를 받아 적어 확인해보면 대부분이 아는 단어로 이루어진 쉬운 문장임을 확인할 수 있다. 하지만 그럼에도 불구하고 대사를 거의 알아듣지 못하는 것이 우리의 현실이다. 이는 한국인의 발음이 원어민의 발음과 많은 차이가 있기 때문인데, 이것은 원어민과 똑같이 발음할 수 있도록 연습만 한다면 충분히 해결할 수 있는 문제다. 즉, 발음교정 훈련이 필요하다.

내용이해 능력이란, 역시 이러한 기본 3,500단어로 이루어진 문장을 한 번에 소리 내어 읽고 이해할 수 있는 '직독직해' 능력을 말한다. 하지만 2,000단어 수준으로 이루어진 쉬운 문장도 우리나라 사람이 그것을 한 번 읽고서 바로 이해한다는 것은 어려운 일이다. 왜냐하면 영어와 한국어의 어순, 구조^{Structure}가 다르기 때문이다. 이러한 영어의 구조에 익숙해지려면 많은 문장을 통째로 외우면서 어떤 구조의 문장이 자주 반복되는지를 느낄 수 있을 정도로 영어의 어순과 구조에 익숙해져야만 한다. 즉, 문장암기 훈련이 필요하다.

이렇게 발음교정과 문장암기를 꾸준히 하다 보면 영어문장에서 3,500단어의 소리가 들리고 이 단어들이 어느 정도 머릿속에서 직독직해가 되는 시점이 오게 된다. 이것이 바로 '직청직해'인데, 이렇게 3,500단어로 이루어진 문장을 원어민이 평상시의 속도로 말했을 때, 이것을 어느 정도 곧바로 이해할 수 있는 능력을 '소리그릇'이라고 한다.

어떤 사람은 이 시점을 '귀가 트였다'고도 하고, '말귀를 어느 정도 알아듣는 시점'이라도 표현하기도 한다. 무엇보다도 우선 이러한 '소리그릇 만들기 훈련'을 통해 기본적인 듣기와 읽기능력을 완성시켜야 한다. 소리그릇이 없는 영어공부는 말 그대로 밑 빠진 독에 물 붓기와 같기 때문이다.

그런데 이 소리그릇은 무조건 외국에 나가기만 한다고 해서 저절로 만들어지는 것은 아니다. 외국에 어학연수를 가면 왜 영어가 느는지 생각해본 적이 있는가? 당연히 외국인들과 이야기를 많이 하기 때문이다. 그들의 말을 들으면서 그 말을 외울 수 있고, 그들의 발음을 흉내 낼 수 있기 때문이다. 바로 발음교정과 문장암기를 할 수 있기 때문에 영어가 느는 것이다. 이 말은 곧 이 두 가지 훈련만 꾸준히 한다면 한국에서도 충분히 영어실력을 늘릴 수 있다는 말과 같다.

한국에서도 뉴스를 통해 세계에서 가장 정확한 발음을 구사하는 아나운서의 발음을 원 없이 들으며 흉내 낼 수 있고, 시트콤, 영화 등의 좋은 문장들도 원하는 대로 듣고, 외울 수 있다. 반대로 영어권 국가로 나간다 하더라도 마찬가지로 뉴스, 시트콤, 영화, 팝송 등을 들으며 따라 읽고 외워야 실력이 향상될 수 있다.

왕 팀장, 홍 대리 꼼수를 눈치 채다!

평소보다 일찍 출근한 홍 대리는 바짝 긴장한 얼굴로 시나리오를 훑어보고 있었다. 가슴이 두근거려 좀처럼 집중이 되지 않아 복도로 나왔다. 복도를 서성이며 심호흡을 하고 있던 홍 대리는 인기척이 느껴져 뒤를 돌아봤다.

"아니, 팀장님 아니세요? 다음 주에 퇴원이시라더니 어떻게?"

생각지도 못한 왕고수 팀장의 등장에 홍 대리의 얼굴이 환해졌다.

"좀이 쑤셔서 누워 있지를 못하겠더라고. 퇴원하는 길에 잠시 들렀어. 의사말로도 무리만 안 하면 상관없대. 근데 회의는 언제 시작이야?"

"예. 한 시간 정도 남았어요."

"드디어 오늘이 결전의 날이군. 수고 많이 했어. 근데 너무 긴장하면 말이 꼬이는 법이야. 프레젠테이션 전체내용을 머릿속에 그려 봐. 그럼 어떤 상황에서도 대처할 수 있을 거야. 자, 긴장 풀고!"

긴장을 풀어주기 위한 왕고수 팀장의 조언이 오히려 홍 대리에겐 더 큰 부담으로 다가왔다. 왕고수 팀장은 회의실에서 보자며 본부장실로 갔다.

긴장된 마음으로 회의실에 들어선 홍 대리는 옷매무새를 다시 가다듬고 의자에 앉았다. 임직원들이 하나 둘씩 회의실로 들어오고 있었다.

"이제 곧 화상연결이 됩니다. 곧 회의를 시작하겠습니다."

왕고수 팀장 대신 사회를 맡은 최막강 팀장은 회의 시작을 알렸다. 회의가 시작되자 회의실 내 조명이 약간 어두워지고 정면의 대형 화면에 미국 측 바이어들이 나타났다. 최막강 팀장은 양쪽의 임직원들이 서로 인사를 나누게 한 후 프레젠터로 홍 대리를 소개했다.

'그래, 군대에서도 높으신 양반들 앞에서 브리핑 잘한다고 인정받았었잖아. 너무 쫄지 말자구!'

정중하게 인사를 한 홍 대리는 큰 숨을 한 번 내쉰 후 단상으로 걸어갔다.

대형화면 옆에 설치된 프레젠테이션용 화면엔 홍 대리가 준비한 파워포인트가 떴고 프레젠테이션이 시작되었다.

"Good morning. I'm an assistant manager who is going to give a presentation today. From now……. 반갑습니다. 저는 오늘의 프레젠터인 홍대강 대리입니다. 지금부터……."

홍 대리의 목소리는 가늘게 떨렸다. 저만치 왕고수 팀장의 긴장하는 표정이 느껴졌다.

'정신 차려야 해. 지난 한 달 동안 얼마나 고생 했어?'

홍 대리는 집에서, 지하철에서, 회사에서 한 달 내내 스크립트를 외웠던 생각을 했다. 한 순간의 실수로 그 모든 노력을 물거품으로 만들 수는 없었다. 홍 대리는 평정심을 찾으려 노력했고, 얼마 지나지 않아 안정되고 자신감 넘치는 목소리로 프레젠테이션을 진행하게 되었다. 게다가 중간마다 박 코치가 알려준 유머까지 섞어가며 성공적인 프레젠테이션이 되도록 노력했다.

"후우."

프레젠테이션이 끝나고 홍 대리는 감사하다는 말과 함께 안도의 한숨을 내쉬었다. 홍 대리가 자료를 챙겨 자리에 돌아오려고 할 때였다. 왕고수 팀장이 미간을 찌푸리며 눈짓으로 뭔가를 말하고 있었다.

'무슨 일이지?'

홍 대리는 멀뚱멀뚱한 표정으로 왕고수 팀장을 바라봤다. 순간 회의실은 어수선해지기 시작했다. 화상카메라로 다 보고 있는 상황이라서 홍 대리의 실수에 대해 아무도 드러내고 지적을 하지 못하고 있었다. 본부장이 옆에 있던 왕고수 팀장과 최막강 팀장에게 귓속말로 뭔가 지시를 했다.

"Any questions, please. 질문 있으면 해주십시오."

갑자기 최막강 팀장이 마이크를 잡았다. 왕고수 팀장은 착잡한 얼굴로 탁자만 내려다보고 있었다. 홍 대리는 그제야 '아차!' 싶었다. 평소 국내 업체를 대상으로 프레젠테이션을 하면 늘 있던 질의응답 시간을 신경 쓰지 않았던 것이다. 아니나 다를까, 미국 측 바이어는 홍 대리에게 질문을 하기 시작했다.

'이런, 젠장. 뭐라고 하는 거야?'

낭패였다. 홍 대리로서는 도통 알아들을 수가 없었다. 간혹 가다 한 두 단어가 뚜렷하게 들리기도 했지만 무슨 말인지 도통 알 수가 없었다. 기껏 노력한 것이 이렇게 망신을 당하는 걸로 끝나는구나 싶은 마음에 눈을 질끈 감았다.

모든 참석자의 시선이 일순간 홍 대리에게 고정됐다. 등에서 식은땀이 났다.

"에, 그게."

뭔가를 찾는 시늉을 하며 시간을 벌었다. 하지만 그것도 한계가 있었다. 홍 대리는 저도 모르게 왕고수 팀장에게 애원의 눈길을 보냈다. 그러나 한 달 동안 업무에서 손을 뗐던 왕고수

팀장으로서도 딱히 구체적인 답변을 하기엔 무리가 있었다. 홍 대리가 계속 시간을 끌자 본부장은 최막강 팀장에게 눈짓으로 신호를 보냈다.

"Let me respond to this. The question you asked is…….
제가 말씀드리겠습니다. 방금 질문하신 내용은……."

결국 최막강 팀장이 나서 답변을 하기 시작했다. 최막강 팀장은 그동안 프레젠테이션 관련 회의 때마다 참석했기 때문에 별 무리 없이 답변을 해나갔다. 홍 대리는 벌게진 얼굴로 고개를 숙인 채 시나리오만 뚫어져라 바라보고 있었다.

'휴, 다행은 다행인데 왜 하필이면 최 팀장이 대신 하는 거야? 그나저나 어쩌지? 미치겠네! 시간은 왜 이렇게 안 가는 거야?'

홍 대리는 어떡하면 이 상황을 모면할 수 있을까를 궁리했다. 짧은 순간 홍 대리의 머릿속엔 온갖 생각들이 스쳐지나갔다.

그때였다. 최막강 팀장의 답변이 끝나기를 기다렸다는 듯 미국 측에선 홍 대리를 향해 또 다른 질문을 해왔다.

"콜록! 콜록!"

너무 당황한 나머지 홍 대리는 사래가 걸린 듯 기침이 쏟아져 나왔다. 홍 대리는 한 손으로 목을 잡았다. 얼굴이 붉어질 정도로 멈추질 않았다.

"아니, 자네 왜 그래? 사래라도 걸렸나? 최 팀장! 자네가 계속 하지."

본부장이 최막강 팀장에게 대신해서 답을 하라고 지시했다. 최막강 팀장은 홍 대리와 눈이 마주치자 한쪽 입꼬리를 올린, 그야말로 썩소를 보였다. 본부장은 계속 기침을 하고 있는 홍 대리의 어깨를 토닥거리며 밖으로 나가라는 손짓을 했다.

"후우."

회의실 문 밖으로 나온 홍 대리는 저도 모르게 바닥에 털썩 주저앉았다. 진이 다 빠지는 듯했다.

"젠장!"

다 된 밥에 코 빠뜨린 꼴이란 생각에 쓴웃음마저 나왔다. 답답하고 초조한 마음에 가만히 서있기가 힘들었다. 프레젠테이션이 어떻게 진행되고 있는지 궁금하기도 하고, 자신을 쳐다보던 최막강 팀장의 표정도 마음에 걸렸다. 마치 10분이 한 시간처럼 느껴졌다. 그때 회의실 안에서는 박수소리와 웃음소리가 터져 나왔다.

'어? 일이 잘 됐나 보네? 휴, 다행이군. 어쨌거나 나한테 돌아올 화살이 없을 수도 있겠다.'

홍 대리가 혼자서 이런저런 생각을 하고 있을 때, 회의실 문이 열렸다. 앞서 나오던 임원들이 홍 대리를 발견하고는 하나같이 어깨를 두드리며 지나갔다.

"수고했어! 홍 대리. 목은 괜찮아? 어쨌든 자네 덕분에 미주 판로를 뚫게 됐어. 그럼 앞으로도 열심히 해주게나."

"아, 예. 별 말씀을······."

홍 대리는 어색하게 웃으며 임원들에게 인사를 했다. 잠시 후 직원들이 뒤따라 나오며 임원들과 마찬가지로 홍 대리에게 칭찬과 격려를 했다. 다행히도 홍 대리가 답변을 못한 실수를 목이 아파 그런 줄 아는 표정들이었다. 그때 최막강 팀장이 야릇한 웃음을 흘리며 다가왔다.

"홍 대리. 축하해. 그렇게 영어를 잘하면서 지금껏 숨겼던 거야? 이거 속을 알 수 없는 사람이네. 아무튼 마지막에 어처구니없는 실수만 아니었다면 완벽했을 텐데 말야. 하하."

"예? 아니 그게 숨기려고 숨긴 게 아니라······."

홍 대리의 말은 들은 체도 않고 최막강 팀장은 본부장의 뒤를 급히 쫓아갔다. 홍 대리는 그런 최막강의 모습을 바라보며 안도의 한숨을 내쉬었다. 그때 왕고수 팀장이 회의실에서 나왔다.

"팀장님, 저······."

홍 대리는 왕고수 팀장에게 뭔가 변명을 해야 할 것 같았다.

"지금은 본부장님한테 가봐야 하니 할 말 있으면 나중에 하고, 영어로 진행된 회의내용을 정리해야 하니 준비해둬. 난 당장 내일부터 업무 복귀할 테니 그동안 진행된 업무보고도 준비해."

왕고수 팀장은 냉랭한 목소리로 업무지시만을 남긴 채 등을 돌리고 가버렸다. 홍 대리는 한참을 멍하니 왕고수 팀장의 뒷

모습을 바라보았다.

'뭔가 눈치 채신건가?'

지난 몇 년간 한 번도 저렇게까지 냉랭한 표정을 보인 적이 없는 왕고수 팀장이었다. 홍 대리는 뭔가 자신이 큰 잘못을 한 게 분명하다는 생각이 들었다.

"또 한 건 했네!"

사무실로 들어서는 홍 대리를 향해 동료들이 박수를 치며 한 마디씩 했다.

"유능한 인재는 역시 다르다니까. 영어는 언제 그렇게 늘었대? 홍 대리가 프레젠테이션 할 때 농담을 하니 미국 사람들도 막 웃더라며?"

"축하해!"

홍 대리는 머쓱한 표정으로 대충 가볍게 목례를 하고 최막강 팀장에게 갔다.

"저, 팀장님. 좀 전엔 고마웠습니다. 덕분에 프레젠테이션이……."

"아, 그거? 그런 게 별 건가. 근데 일을 하려면 제대로 해야지. 그런 중요한 자리에서 그러면 되겠어?"

"저, 그게 목이 아파서……."

홍 대리는 어색하게 목을 움켜잡으며 변명을 했다.

"그건 됐구. 오늘 회의한 자료 정리해야 하지 않나? 그거 하면 나한테도 하나 갖다 줘."

홍 대리는 평소 같았으면 직속상관도 아닌데 왜 그걸 줘야 하냐고 물어봤겠지만 오늘은 강하게 토를 달 수가 없었다.

"예? 근데 제가 이후 프로젝트 매니지먼트까지 진행하라는 지시를 받아서요."

"그래서? 어차피 정리한 거 한 부만 더 출력하면 되잖아. 그리고 앞으로 프로젝트 매니지먼트를 누가 할지는 알 수 없는 일이고."

"예? 그게 무슨……."

홍 대리는 자신의 귀를 의심했다. 최막강 팀장은 홍 대리의 실수를 기회로 이참에 아예 프로젝트를 빼앗아갈 생각인 것처럼 보였다. 홍 대리가 잠시 머뭇거리며 고개를 갸웃거리는 것을 본 최막강 팀장은 얼른 말을 돌렸다.

"그만 가봐. 나도 이제 일을 해야 하니까."

홍 대리는 꾸벅 고개만 숙이고는 자리로 돌아와 앉았다.

'뭐야, 이젠 노골적으로 남의 공을 가로채겠다는 건가?'

홍 대리는 불쾌했다. 정말 한 번쯤은 들이박고 싶다는 생각이 들었다.

"여! 어제의 영웅께서 따로 회식을 과하게 하셨나? 늦었네?"

허겁지겁 사무실로 들어서는 홍 대리를 향해 직원들이 우스갯소리를 하며 반겼다. 허리를 굽실거리며 자리에 앉은 홍 대리는 왕고수 팀장의 표정부터 살폈다.

'오늘은 기분이 좀 풀리셨나?'

왕고수 팀장은 무표정한 얼굴로 모니터를 응시하고 있었다. 예전 같았으면 지각대장 운운하면서 벌금이 얼마라는 등 농담을 건넸을 것이다. 그런데 프레젠테이션 이후로 왕고수 팀장 주위엔 계속 찬바람이 인다.

"홍 대리! 어제 지시한 거 어떻게 됐어? 일은 다 해놓고 그렇게 늦게 출근하는 거야?"

한참 만에 입을 연 왕고수 팀장은 여전히 냉랭한 말투로 홍 대리를 쏘아붙였다.

직원들은 평소와는 다른 왕고수 팀장의 반응에 이상하다는 듯 눈치를 살폈다.

"예? 아직 지각은 아닌데……."

홍 대리는 입속말로 웅얼거리며 서둘러 자리에 앉았다.

"쓸데없는 소리하지 말고 빨리 업무보고나 해!"

홍 대리는 더 이상 대꾸를 하지 않았다. 어제의 일이 계속 마음에 걸려 자료를 정리하는 내내 불안감을 떨칠 수가 없었다.

"저, 팀장님. 회의자료 정리한 거 보고 드리겠습니다."

홍 대리는 조심스럽게 왕고수 팀장에게 자료를 건넸다.

"이리 줘 봐."

왕고수 팀장은 고개도 돌리지 않은 채 자료만 건네받았다. 그리고 조용히 서류를 검토했다.

"뭐야! 번역한 거 제대로 정리한 거야? 어제 질의응답하면서 나온 내용 중에 누락된 게 있잖아."

"그게, 제가 질의응답 때 밖에 나가 있어서……."

"나가 있었다 하더라도 회의 때 녹음한 걸 들었을 거 아니야? 그렇게 유창하게 영어를 잘하는 사람이 녹음된 말을 못 알아들었을 리는 없을 테고."

왕고수 팀장의 마지막 말에는 가시가 있는 듯했다. 홍 대리는 뭐라 변명도 하지 못하고 우물쭈물 서있기만 했다.

"가봐! 참, 아까 회의록을 여러 부 출력하던데 뭘 그렇게 많이 했어?"

홍 대리는 최막강 팀장의 지시로 한 부 더 출력해서 갖다주었다고 말했다.

"뭐야? 최 팀장이 나한테 아무 말이 없었는데. 근데 언제부터 최막강 팀장한테 따로 보고를 한 거야? 응? 넌 대체 소속이 어디야?"

홍 대리는 순간 뜨끔했다. 왕고수 팀장과 최막강 팀장의 라이벌 관계야 워낙 유명한데다가 다른 팀장에게 자신의 팀원이 별도로 보고했다는 것을 무심하게 받아들일 상사는 아무도 없을 것이다. 홍 대리는 주위의 사람들이 다 자신을 보는 것 같아 고개를 들 수가 없었다. 마침 최막강 팀장이 야릇한 웃음을 지으며 홍 대리를 스쳐지나갔다.

'젠장! 뭐가 이렇게 꼬이는 거야. 프레젠테이션을 성공하고 일이 잘 됐으면 됐지. 계속 저렇게 까칠하지 않아도 되잖아! 근데 저 싸가지는 비웃는 거야, 뭐야?'

책상 위로 수첩을 던지다시피 한 홍 대리는 자리에 앉는 대신 담배를 챙겨 밖으로 나왔다. 직원들의 시선이 홍 대리를 쫓았다.

"뭐가 이렇게 가시 방석이야. 제기랄!"

홍 대리가 투덜거리며 담배를 발로 짓이겼다.

"여기 어때? 헤매지 말고 여기 들어가자. 내가 쏠게."

황금빛은 홍 대리의 팔을 이끌며 프랑스요리 전문점을 가리켰다.

"됐네. 저기나 가자."

홍 대리는 근사한 프랑스요리 전문점 대신 '곱창과 소주'라고 적힌 작은 곱창집을 가리켰다.

"어제 같은 경사를 축하하려면 스테이크에 근사한 와인을 마셔야지. 웬 곱창에 소주?"

"그냥, 오늘은 소주가 마시고 싶네."

"그래. 주인공이 소주를 마시고 싶다는데 뭐 어쩌겠어. 헤헤."

황금빛은 언제나 시원시원하다. 홍 대리의 축 처진 어깨를 툭 한 번 치고는 먼저 곱창집으로 들어섰다.

"여기요! 주문요."

황금빛은 곱창과 소주를 주문했다. 곱창이 채 익기도 전에 홍 대리는 소주를 들이켰다.

"야아, 건배도 안 하고 혼자서 원샷이야? 그리구 계속 표정이 왜 그래?"

잘 구워진 곱창을 골라 홍 대리 입에 넣어주며 황금빛이 물었다.

"홀가분하기도 하고, 또 찝찝하기도 해서 그래."

곱창을 질겅질겅 씹으며 홍 대리가 대답했다.

"무슨 말이야? 프레젠테이션이 잘 끝났다고 하니 홀가분한 거야 이해가 되지만 찝찝하다니?"

"그건 잘 끝난 것 같은데 아무래도 팀장님이……."

홍 대리는 하던 말을 멈추고 다시 소주를 들이켰다.

"왕고수 팀장님? 팀장님이 왜? 프레젠테이션도 잘했고, 또 들어보니 미국 쪽에서도 우리한테 아주 좋은 반응을 보였다면서? 참, 프레젠테이션이 끝나고 질의응답 때 갑자기 네 목에 사래가 걸려 밖으로 나왔다며? 그거야 어쩔 수 없잖아."

"팀장님이 눈치를 챈 것 같아."

"눈치? 무슨 눈치?"

황금빛은 무슨 말인지 모르겠다는 듯 물었다.

"사실 너도 알다시피 내가 프리토킹은커녕 프레젠테이션도 겨우 시나리오를 외워서 했잖냐. 그런데 질의응답을 한다니 하늘이 노래지더라구. 결국 목이 아프다는 핑계로 밖으로 나왔지."

황금빛은 할 말을 잊은 듯 소주를 홀짝였다.

"밖에서 기다리고 있는 내내 나도 힘들었어. 그런데 프레젠테이션이 끝나고 박수소리가 들리기에 모든 것이 잘됐나 싶었지. 게다가 다들 축하한다고 인사도 건네기에 다행이다 싶었어. 그런데 유독 팀장님이……."

홍 대리는 담배를 꺼내 들었다.

"그러니까 네가 꾀병 부리고 나왔는데 다행히도 프레젠테이션은 잘 마무리되었다, 그런데 팀장님 반응이 이상하더라, 이

말 아니야?"

황금빛이 한 번 더 상황을 정리해보자며 또박또박 말했다.

"맞아. 마치 내가 시나리오를 영어로 외워서 했다는 걸 눈치 챈 것처럼 계속 나한테 까칠하게 굴더군. 게다가 오늘은 회의록을 제대로 못 봤느냐고 하면서 유창하게 영어를 잘하는 사람이 그래도 되냐는 식으로 은근히 비꼬기까지 하더라니까. 또 싸가지 있잖아. 그 최막강 팀장이 대신 회의를 마무리한 것과 내가 회의록을 따로 싸가지한테 준 것 때문에 화가 단단히 났어. 네가 외근 나가 있어서 그 꼴을 못 봐서 그렇지, 사람들 앞에서 얼마나 무안을 주던지."

"그래? 하필 싸가지가 왜 나섰던 거야? 근데, 너 프레젠테이션 할 때 좀 버벅댔니?"

"아니야. 형님이 가르쳐주신 유머까지 적절히 섞어서 했더니 다들 웃고 박수까지 쳤다니까. 아마도 갑자기 프리토킹을 해야 하는데 내가 피해버려서 눈치 챈 것 같아."

"하긴 너 신입 때 영어 때문에 한 번 왕 팀장님한테 깨진 적 있잖아."

홍 대리는 황금빛이 신입사원 때 일을 이야기하자 갑자기 소주를 들이켰다.

"캬, 술맛이 쓰다. 그만하자. 나도 충분히 반성하고 있으니까. 어쨌거나 이번 일이 잘 끝났으니 뭐 어쩔 거야. 어차피 팀장님은 병원에 있어서 어쩔 수 없었고, 최막강 팀장이야 나보다 윗사람이니 뭐라 할 수도 없는 거잖아. 뭐 이 정도 해냈으면 된 거 아냐? 좋은 게 좋은 거라고 팀 성과가 올라갔으면 됐지."

홍 대리는 애써 긍정적으로 생각하려고 노력했다.

"그래, 그렇게 좋게 생각하자. 왕 팀장님도 꽁한 성격이 아니니 금방 풀어질 거야."

황금빛도 더 이상 홍 대리에게 이번 프레젠테이션에 대해 말하는 것이 도움이 되지 않는다는 것을 알고 있었다.

"아무튼 고맙다. 네 덕분에 형님을 소개 받고 프레젠테이션도 잘 했으니 말이야. 아휴, 이제 영어와 관련한 업무는 굿바이다. 이렇게 눈치 볼 바에야 업무를 바꿔달라고 해야지."

홍 대리는 홀가분해진 마음으로 황금빛에게 건배를 청했다.

"너, 그러지 말고 이참에 영어공부를 제대로 해보는 건 어때?"

잔을 내려놓으며 황금빛이 말했다.

"됐다니까. 이제 영어랑 상관없는 업무로 바꿔달라고 할 거야. 계속 왕 팀장님 눈치 보며 있자니 가시방석이라 견딜 수가 없어. 영어가 아니더라도 지금까지 업무능력에 대해 인정받았다고 생각해."

"그건 말 그대로 지금까지야. 그런데 앞으로 어떻게 될지 누가 알아? 당장 해외업무를 하지 않는다 하더라도 요즘 영어가

안 되면 인정받기 어렵다는 거 알잖아. 특히 우리회사는 앞으로 수출에 주력할 텐데."

"그만 좀 해라. 어제, 오늘 생각하면 정말 피곤해 죽겠다구!"

홍 대리는 황금빛의 말을 자르며 짜증을 냈다. 이제 겨우 마음이 편해지나 싶었는데 본격적으로 영어공부를 하라니 어이가 없었다.

"아휴, 담배 좀 그만 펴! 그나저나 내가 말한 대로 하자. 응?"

"됐네. 영어 못하는 게 그렇게 큰 잘못이냐? 적당히 살자, 적당히."

"적당히? 그럼 이번처럼 너에게 또 위기가 닥치면 어떻게 할래?"

황금빛은 답답하다는 표정으로 홍 대리를 쳐다봤다.

"그땐 지금처럼 하면 돼. 이번에도 약간의 위기가 있었지만 결과가 좋았잖아. 좋은 게 좋은 거라고 결과만 좋으면 됐지. 뭘 바래?"

황금빛은 홍 대리의 태도에 말문이 막혔다. 늘 그랬다. 문제의 본질을 보기보다는 요행과 운을 바라며 대충대충 넘어가던 홍 대리였다.

"나 먼저 갈래."

황금빛은 자리에서 일어나 계산서를 집어 들었다. 홍 대리는 말없이 술만 홀짝일 뿐 황금빛을 잡지 않았다.

산을 넘으니 바다가 기다린다

"어휴, 머리 아파……."

홍 대리는 인상을 찌푸리며 침대에서 일어났다. 찬물로 세수를 하니 그제야 지난밤의 일이 떠올랐다. 그리고 황금빛이 걱정됐다.

"잘 들어갔나 모르겠네."

염려의 마음도 잠시, 홍 대리는 이내 얼굴을 찌푸렸다.

"에고, 너야 영어를 잘 하니 그렇게 쉽게 말하겠지만 나한텐 정말 힘든 문제라구."

혼잣말처럼 중얼거리며 출근준비를 서둘렀다. 지각했다가는 또 왕고수 팀장에게 잔소리를 들을 게 뻔했다.

거리는 가을을 알리기라도 하는 듯 온통 단풍이 장식하고 있었다. 홍 대리는 연신 시계를 보며 발걸음을 서둘렀다.

지하철을 기다리며 습관처럼 MP3 플레이어를 틀었다. 경쾌한 음악을 들으면 기분이 좀 나아질 것 같았다.

'젠장! 이놈의 시나리오를 아직 안 지웠네.'

박 코치가 녹음해준 시나리오가 들려오자 홍 대리의 표정이 일순간 구겨졌다. 홍 대리는 음악으로 바꾸려고 버튼을 눌러댔다. 그런데 저도 모르게 입은 녹음된 시나리오를 따라 중얼거리고 있었다.

'가만, 내가 뭐하는 거야? 지긋지긋한 영어 때문에 금빛이랑 싸우기까지 했는데. 제길!'

홍 대리는 아예 귀에서 이어폰을 빼버렸다.

지하철이 도착했다. 빈자리를 발견한 홍 대리가 잽싸게 몸을 날리는 순간 누군가와 부딪히고 말았다.

"에이, 뭐야?"

고개를 돌려 보니 늘 출근시간에 보았던 그 외국인이었다.

"아, 쏘, 쏘리……."

홍 대리는 얼떨결에 미안하다고 했다.

'근데 내가 왜 미안해? 외국인만 만나면 왜 몸이 움츠르드는 거야?'

혼자서 구시렁대던 홍 대리는 가방에서 신문을 꺼내 읽었다. 역 입구에서 가져온 무가지였다. 신문기사에는 외국어 때문에 직장인들이 겪는 스트레스가 실려 있었다.

'젠장, 어디나 나와 똑같은 사람들이 많군.'

신문을 거의 다 읽을 즈음에 내릴 역에 도착한 홍 대리는 발걸음을 서둘렀다. 지각은 아니었지만 요즘 같은 분위기에 왕고수 팀장한테 꼬투리 잡히기 싫었다.

사무실로 들어선 홍 대리는 컴퓨터의 전원을 켜고 회의록 정리 파일을 열었다. 왕고수 팀장이 출근하면 제일 먼저 그것을 찾을 게 분명했다. 더 이상 싫은 소리를 듣지 않기 위해서는 미리 준비를 해놓는 수밖에 없었다.

홍 대리가 황금빛을 힐끔거리며 눈치를 보고 있을 때 고만해가 사무실로 들어왔다.

"어, 홍 대리님. 일찍 오셨네요. 오늘은 해가 서쪽에서 뜨려나. 하하."

홍 대리는 농담할 기분이 아니었다. 대답대신 고만해를 날카로운 눈빛으로 쏘아보았다.

"에구, 쏘립니다."

분위기가 심상치 않음을 느낀 고만해가 허리를 굽실거리며 자리에 앉았다.

잠시 후, 왕고수 팀장이 사무실로 들어섰다.

"좋은 아침!"

직원들과 아침인사를 하던 왕고수 팀장이 홍 대리와 눈이 마주쳤다. 홍 대리는 순간 흠칫했다. 왕고수 팀장은 미소가 사라진 냉랭하고 무뚝뚝한 눈빛으로 자신을 쳐다보았다.

홍 대리는 만성 소화불량에 걸린 기분이었다. 어떻게든 이 분위기에서 벗어나야겠다는 생각이 들었다. 숨을 가다듬은 후 왕고수 팀장의 자리로 향했다.

"저, 팀장님. 어제 보완 지시한 자료입니다."

"책상 위에 두고 가."

여전히 무뚝뚝한 목소리다.

"예. 근데 저……."

"왜? 뭐 할 말 있어?"

왕 팀장은 날카로운 눈빛으로 홍 대리를 올려다 보았다.

"아, 아닙니다. 그런데 혹시 저녁에 시간이 되세요?"

"왜?"

"드릴 말씀이……."

홍 대리는 저녁에 왕고수 팀장을 만나 확실히 자신의 입장을 밝혀야겠다고 마음먹었다.

"알았어."

무뚝뚝하긴 하지만 순순히 그러겠노라는 왕고수 팀장의 대답에 홍 대리는 조금은 안심이 되었다.

'그래! 길게 끌 필요가 없지. 월급쟁이 생활을 하면서 받는 스트레스가 어디 한두 가지야? 오늘 확실히 결론을 내자구.'

홍 대리는 자리로 돌아가며 결의를 다졌다.

하루 종일 로그아웃 중인 황금빛의 메신저가 신경이 쓰여 홍 대리는 문자로 대화를 신청했다. 그런데 점심시간이 다 되어 가도록 황금빛에게서 별다른 답이 없었다.

'가뜩이나 팀장님 때문에 마음이 불편한데 재까지 왜 저러는 거야?'

홍 대리는 황금빛이 야속하기까지 했다.

퇴근시간이 되자 홍 대리는 다시 휴대폰과 메신저를 확인했다. 황금빛의 메신저는 여전히 로그아웃 되어 있었다. 물을 마시러 가는 척하며 황금빛의 자리를 넘겨다 보았다. 황금빛은 퇴근준비를 하고 있었다.

"먼저 퇴근합니다."

퇴근시간이 지나자 황금빛은 옆자리의 강진주 대리와 함께 퇴근해버렸다.

'에라, 모르겠다.'

홍 대리는 왕고수 팀장을 만날 일을 생각하니 황금빛까지 신경 쓸 기운이 없었다.

"팀장님, 퇴근 안 하세요?"

왕고수 팀장의 눈치를 보던 홍 대리가 기다리다 못해 왕고수 팀장 자리로 갔다.

"벌써 시간이 그렇게 됐나? 그래 나도 오늘 할 이야기가 있으니 가자구."

왕고수 팀장은 서류를 정리한 뒤 자리에서 일어났다.

"이 집이 좋겠군."

왕고수 팀장은 회사 근처의 조그만 일식집을 가리키며 앞장서서 들어갔다. 조용한 방으로 안내된 두 사람은 가볍게 맥주와 회를 시켰다.

"저, 팀장님. 프레젠테이션 때 갑자기 제가 나가는 바람에 죄송했습니다."

맥주를 따르며 홍 대리가 먼저 입을 열었다.

"됐어. 우선 저녁이나 먹지."

왕고수 팀장은 맥주를 한 모금 마신 후 조용히 식사를 했다. 홍 대리도 회를 몇 점 집기는 했지만 도통 먹히질 않았다.

'에휴, 이러다 진짜 만성위염 걸리는 거 아냐? 예전엔 주거니 받거니 하면서 건배도 곧잘 했는데…….'

왕고수 팀장은 홍 대리에게 술잔을 건네면서도 별 다른 말이 없었다.

"이봐, 홍 대리."

눈치만 보며 술을 홀짝이던 홍 대리를 향해 마침내 왕고수 팀장이 입을 열었다.

"아, 예. 팀장님."

"너, 왜 그렇게 솔직하지 못해?"

"예? 제, 제가요?"

홍 대리는 흠칫하며 말을 더듬었다.

"그래. 솔직히 말하지. 난 이번에 홍 대리 너한테 기대를 많이 했었어. 너도 알다시피 너랑 나랑 함께 일한 지가 몇 년이냐. 처음 둘이서 이 팀을 꾸려 나가면서 얼마나 고생을 많이 했어? 고만해나 다른 직원들이야 뒤늦게 들어와서 그 고생을 모른다지만 넌 다르잖아. 프레젠테이션을 준비할 때도 시나리오를 영어로 번역해서 내놓은 걸 보고 얼마나 든든했는지 몰라. 너도 기억나지? 네가 신입 때 퇴근과 퇴사를 구분 못해 난처한 상황을 연출했던 것 말이야."

"예……."

홍 대리는 기어들어가는 목소리로 대답했다.

"그랬던 친구가 일취월장해서 영어로 프레젠테이션을 한다고 생각하니 내 마음이 얼마나 흐뭇했겠냐? 그런데 막상 하는 모습을 지켜보니 한심하다는 생각이 들더군."

"예? 뭐, 뭐가요? 프레젠테이션 때 제가 기침이 나서 밖으로 나간 것 말씀입니까?"

홍 대리는 '꿀꺽' 하고 침을 삼켰다.

"그거야 사람이 목이 안 좋으면 그럴 수도 있는 일이지. 그 정도도 이해 못할 정도로 내가 그렇게 속 좁은 사람이야?"

"그, 그러면? 프레젠테이션은 모두들 칭찬할 만큼 잘 치러내지 않았습니까?"

홍 대리는 영문을 모르겠다는 얼굴로 왕고수 팀장의 눈을 쳐다보았다. 그 순간 왕고수 팀장이 날카로운 눈빛으로 홍 대리를 쏘아보았다. 홍 대리는 흠칫하며 놀랐다.

"홍 대리, 왜 그렇게 끝까지 솔직하지 못해? 너는 프레젠테이션을 한 것이 아니라 연기를 한 것이었어. 생명이 없는 인형처럼 입만 벙긋대고 있었다는 말이지!"

홍 대리는 올 것이 왔다는 생각에 눈을 질끈 감았다. 하지만 끝까지 포기하지 않았다.

"원래 다들 시나리오는 미리 준비하지 않습니까? 그리고 가급적이면 외워서 하구요."

말을 하다 보니 홍 대리는 억울하다는 생각이 들었다. 남들도 다 하는 것을 했을 뿐인데 뭐가 문제라는 것인지 솔직히 왕고수 팀장이 야속하기까지 했다.

"그렇지. 허허. 그런데 말이야. 개중에는 유머와 웃음까지도 각본에 짜 놓는 사람이 있지. 홍 대리 네 생각엔 그게 커뮤니케이션인가? 프레젠테이션은 나의 생각을 상대에게 전하는 커뮤니케이션의 도구야. 언어도 마찬가지지. 일방적인 전달이 아니라 상대의 반응을 살피며 적절한 반응을 해주어야 하는 것이란 말이야. 말하면서 화상에 비친 그 사람들 표정이나 반응을 보기나 했어? 넌 그저 책을 읽은 것뿐이었어."

홍 대리는 할 말이 없었다. 그 어떤 말도 변명일 뿐이란 걸 너무나 잘 알고 있었다. 왕고수 팀장이 말을 이어갔다.

"홍 대리, 프레젠테이션 도중 미국 쪽에서 너한테 질문 던진 것 알고 있었나?"

홍 대리는 그런 상황이 일어났는지도 몰랐다. 당시엔 상대의 반응을 살필 경황이 없었다.

"당연히 몰랐겠지. 왜냐하면 넌 네가 외운 영어들을 쏟아내는 데만 신경이 집중되어 있었을 테니 말이야. 시나리오를 외워서 한다는 것과 영어를 할 줄 안다는 것은 달라. 아니나 다를까, 홍 대리 넌 질의응답 시간이 되자 안절부절 못하고 급기야는 기침을 해대며 밖으로 나가 버렸어."

홍 대리는 고개를 들 수가 없었다. 목이 타 들어갔다. 왕고수 팀장이 홍 대리의 빈 잔에 맥주를 따라 주었다.

"결국 넌 시나리오만 외웠다는 말이지. 그게 얼마나 위험한 발상인지도 모르고 말이야. 만약 최막강 팀장이 나서지 않았다면 어찌 될 뻔했어? 우리회사에 대한 빅애플사의 신뢰는 완전히 깨지는 것은 물론이고 계약이 성사되지도 못했을 거야."

"그건……"

홍 대리는 억울했다. 그건 너무 지나친 비약이라는 생각이 들었기 때문이다.

"야, 홍 대리 너 같으면 그런 엉터리 영어를 하는 사람에게 프레젠테이션을 맡기는 우리회사를 믿을 수 있겠어?"

왕고수 팀장의 말을 들으니 홍 대리는 얼굴이 화끈거렸다.

"사실은……."

홍 대리는 이왕 이렇게 된 거 어쩔 수 없다는 생각이 들었다. 솔직하게 고백하는 수밖에는 도리가 없었다. 홍 대리는 ITS Asia와의 계약을 어떻게 성사시켰는지, 그리고 이번 빅애플사의 프레젠테이션을 어떻게 준비했는지를 다 말했다. 단, 황금빛과의 관계도 있어서 박 코치 이야기만 하지 않았다.

"거참, 완전히 운이었군. 물론 이번 프레젠테이션은 운에다가 시나리오를 지극정성으로 외운 노력도 더했지만."

"죄송합니다. 팀장님. 진작 말씀드렸어야 하는데 일이 어쩌다 이렇게까지 됐네요. 그래서 말인데 이번에 업무조정을 했으면 하는데요. 물론 제가 잘못을 했지만 어차피 제가 주도적으로 하던 업무도 아니었고 해서……."

홍 대리는 왕고수 팀장의 표정을 살피며 조심스럽게 업무조정에 대한 이야기를 꺼냈다.

"업무조정? 업무조정이라, 그런데 어쩌지? 홍 대리 넌 영어와 떼려야 뗄 수 없는 사이가 돼버린 것 같은데?"

왕고수 팀장이 알 수 없는 말을 했다.

"예? 그게 무슨 말씀이세요?"

"오늘 사장님께 결재를 받으러 갔는데 그러시더군. 빅애플사에서 직접 연락이 왔다고. 프레젠테이션을 잘 받았다면서 계약을 하되, 7개월 후에 생산라인 실사를 오겠다는 거야. 자신들의 원하는 조건과 규격을 갖추고 있는지 확인한 후 계약을 하겠다고 말이지. 그거야 예상을 하고 있었으니 별 문제가 없지만 전혀 엉뚱한 조건을 걸었어."

홍 대리는 빅애플사의 엉뚱한 조건과 자신이 영어와 뗄 수 없는 사이가 되는 것과 무슨 상관인지 궁금했다.

"그게 말이야. 7개월 뒤에 실사를 하러 오는 미국 쪽 임원의 파트너로 홍 대리 널 콕 집어 말하더란 거야."

"예?"

홍 대리는 이 무슨 말도 안 되는 소린가 하며 황당해했다.

"나도 놀랐어. 사장님도 그러시더군. 왜 홍 대리를 콕 집어서 말하는지 모르시겠다고. 다만 프레젠테이션을 잘해서 그런 게 아닐까 하고 짐작만 하실 뿐이지."

"하지만 팀장님이 눈치 채실 정도면 그쪽 사람들도 제가 시나리오를 외우기만 했다는 것 정도는 알지 않았을까요? 그런데도 저를 지목한다는 게……."

"그거야 모르지. 바로 눈앞에 있는 게 아니라 화상으로 미팅

하는 것이니 잘 모를 수도 있지. 눈썰미가 있는 사람이라면 모르겠지만 말이야."

왕고수 팀장의 말도 일리가 있었다.

"팀장님. 어쨌거나 전 그 일 못합니다. 이제 팀장님도 아시잖아요. 제 영어실력이 어느 정도인지……."

"이 일이 홍 대리 네가 못한다고 하면 안 해도 되는 일이야? 차라리 처음부터 솔직하게 이야기하고 의논했다면 이런 일이 없었을 거 아냐!"

왕고수 팀장은 언성을 높였다. 맥주를 한 잔 하더니 안주 대신 담배를 물었다.

"후, 이건 내 선에서 어떻게 할 문제가 아니야. 이미 사장님 지시도 떨어진 상황이고."

"팀장님. 제 실력으로 프레젠테이션도 힘든데 실사하러 올 미국 쪽 바이어의 파트너로 일하라는 건 불가능합니다. 그러지 마시고 저를 다른 업무나, 아니 다른 부서로 이동시켜 주세요."

홍 대리는 애원하듯 말했다. 일이 수습되기는커녕 갈수록 커지기만 하는 것 같았다.

"내가 말했잖아. 내 선에서 어떻게 할 수 없다고. 게다가 너랑 파트너로 일한다는 게 그쪽 요구사항이라잖아. 너도 생각해 봐. 회사 입장에서 다른 요구도 아니고 파트너 하나 지목해서 해달라는 건데 곤란하다고 할 수는 없잖아. 그리고 사장님께 뭐라고 말할 텐가? 홍 대리, 너에 대한 기대가 높으신데 갑자기 네가 이 업무 대신 다른 업무를 한다면 나를 이상하게 생각하시지 않겠어?"

홍 대리는 할 말을 잃었다. 왕고수 팀장은 어쩔 수 없다는 듯 단호한 표정을 지었다.

"이왕 이렇게 된 거 열심히 해봐. 오히려 다행스러운 건 최막강 팀장이 호시탐탐 기회를 노리고 있었지만 물거품이 돼버렸다는 거야. 그 친구 프레젠테이션이 끝나자 갑자기 설치기 시작하더군. 네가 버벅댄 걸 가지고 계속 본부장님한테 뭐라고 했나봐. 근데 빅애플에서 그런 요구를 하는 바람에 닭 쫓던 개 지붕 쳐다보는 격이 됐지."

홍 대리도 그건 다행이라 생각했다. 그동안 공들였던 것을 한순간에 빼앗길 뻔했다고 생각하니 아찔한 생각마저 들었다.

"물론 나도 알아. 영어가 단시간에 늘 수 있는 게 아니란 걸 말이야. 하지만 다행히 7개월이라는 시간이 너한테 주어졌잖아. 막말로 내일 당장 그 사람들과 같이 일하라는 것도 아니지 않냐. 7개월 동안 어떻게든 최소한의 의사소통이라도 할 수 있도록 해봐. 그리고 나도 도울 수 있는 데까지 도울 테니. 힘 내자구."

"7개월……."

홍 대리는 7개월이라는 말을 웅얼거리며 온갖 방법들을 생각했지만 난감하기는 마찬가지였다.

"참, 이번에 영어로 프레젠테이션을 준비하면서 누군가에게 도움을 받았다며? 한 달 만에 네 발음까지 그렇게 고쳐 놓을 정도라면 7개월 동안 의사소통은 할 수 있도록 도와줄 수 있지 않을까?"

"정말 제가 맡아야 합니까?"

혹 떼려다 혹 붙인 꼴이 돼버린 홍 대리는 입술을 질끈 깨물고는 다시 한 번 물었다.

"홍 대리야, 너도 알다시피 이번 건은 정말 커. 100만 달러 수출이 되느냐, 안 되느냐가 걸린 문제란 말이야. 그런데 첫 단추부터 파트너 문제로 잘못 꿸 수는 없잖아. 더군다나 최막강한테 꼬투리가 잡히지 않으려면 이번엔 제대로 해내야 돼. 부탁하네."

홍 대리는 집으로 오는 내내 뭔가에 홀린 듯한 기분이었다. 산 하나를 겨우 넘었나 했더니 이번에는 큰 바다가 기다리고 있는 격이다.

'차라리 사표를 낼까? 아니야. 요즘 같은 불경기에 덜컥 사표 낸다고 다른 직장을 쉽게 구할 수 없을 거야. 게다가 이 바닥이 빤한데 그런 식으로 퇴사를 한 게 알려지면 누가 나를 받아주겠어?'

쉬운 길로 가면 큰일 나나?

홍 대리는 집 앞에 도착했지만 선뜻 들어가지 못했다. 점점 재로 변해가는 담배만큼이나 속도 타들어가는 것 같았다.

'어쩌지? 다시 박 코치한테 부탁해야 하나? 이번에도 예상 시나리오를 짜달라고 부탁하면 될까?'

다른 선택은 없었다. 홍 대리는 주머니에서 휴대폰을 꺼내 들었다. 한참을 만지작거리다 단축번호를 눌렀다.

"어."

수화기 저쪽에서 황금빛의 냉랭한 목소리가 들려왔다.

"나야. 뭐해?"

"이 시간에 뭐하기는. 잘 준비 했지. 왜?"

"시간이 벌써 그렇게 됐나? 팀장님이랑 저녁 먹고 지금 들어가는 길이야. 미안해. 어제는 내가 너무 흥분했어."

홍 대리는 황금빛에게 어제의 일을 사과했다. 그리고 왕팀장과 있었던 일을 말해주었다.

"……."

황금빛은 별 다른 말이 없었다. 홍 대리는 약간 무안해서 그대로 있었다.

"그래서?"

정적을 깨고 황금빛이 먼저 입을 열었다.

"으응, 네 말대로 형님에게 정식으로 영어를 배워 보려구. 아, 참. 오해는 하지 마. 형님한테 부탁해달라고 전화한 건 아니야. 그냥 너한테 미안하다고 사과하려고 전화했어."

홍 대리는 박 코치에게 부탁하기 위해 마지못해 사과하는 것으로 들리는 것이 싫었다.

"알아. 그리고 생각 잘했어. 7개월이란 시간이 마음에 걸리지만 내 말대로 체계적으로 영어를 공부하다 보면 분명 길이 보일 거야. 내가 말해볼게. 그렇지 않아도 사실 어제 오빠한테 연락이 왔었어. 잘됐냐고 말이야."

황금빛의 목소리가 밝아졌다.

"아차, 내가 전화도 못 드렸네. 지금은 늦었으니 내일 바로 전화할게."

"알았어. 빨리 들어가서 쉬어. 내일 보자."

"응, 알았어."

홍 대리는 마음이 편안해졌다. 아직 해결된 것은 아무 것도 없었지만 묵묵히 자신을 도와주는 황금빛이 있다는 사실에 감사했다. 집 앞 가로등의 불빛이 유난히 환하게 느껴졌다.

며칠 뒤, 홍 대리는 박 코치를 만나러 학원 앞으로 갔다. 황금빛은 업무가 늦어지는 바람에 홍 대리가 먼저 도착했다. 학원 앞에서 서성이고 있는데 휴대폰이 울렸다. 황금빛이었다.

"응, 어디야?"

"나 회사야. 어쩌지? 생각보다 시간이 많이 걸리네. 팀원들이 다 남아서 일하고 있어서 빠져나가기가 힘들 것 같아."

"그래? 어쩔 수 없지. 나 혼자 만날게."

홍 대리는 하는 수 없이 혼자 박 코치를 만나러 갔다.

"휴게실로 가지."

박 코치는 인사를 하는 홍 대리에게 가볍게 손을 한 번 흔들고는 학원 휴게실로 안내했다.

"일이 잘 끝났다며?"

홍 대리는 머쓱한 웃음을 지었다. 박 코치는 그 웃음의 의미를 알고 더 이상 프레젠테이션에 대해 묻지 않았다. 절제된 몸

짓과 말투에서 그의 조용한 카리스마가 느껴졌다.

"예. 다 형님 덕분입니다. 고맙습니다."

"고맙긴 뭘. 그래, 오늘은 무슨 일이지?"

박 코치는 학원까지 찾아온 이유가 궁금하다며 물었다.

"오늘 강의는 다 끝나신 거죠? 그럼 식사라도 하시면서 말씀을 나누었으면 하는데. 제가 고맙다고 제대로 인사도 드리지 못해서……."

"이렇게 만나서 인사했으면 됐지. 따로 인사는 무슨. 뭐 더 할 말이 있는 거야?"

"그게 저……."

홍 대리는 잠시 주저하다가 프레젠테이션 이후의 일을 이야기했다.

"형님. 어찌 보면 염치없는 부탁이지만 한 번만 더 도와주십시오."

박 코치는 마치 예상이라도 한 것처럼 그다지 놀라지 않았다. 팔짱을 낀 채 무덤덤하게 바라만 보고 있다가 홍 대리가 자신의 눈치를 살피며 말을 더 이어가지 못하자 입을 열었다.

"그래, 내가 어떻게 도와주면 된다는 거지?"

홍 대리는 황금빛의 이야기대로 체계적인 레슨을 부탁하려고 했다. 그런데 7개월 동안 어떻게 체계적으로 공부해서 의사소통까지 할 수 있을지 의문이 들었다. 생각이 거기까지 미치자

다시 마음이 조급해졌다. 그리고 저도 모르게 한숨이 나왔다.

"형님, 지금까지 수십 년을 공부해도 안 되던 영어가 7개월 사이 의사소통이 된다는 것이 말이 됩니까? 게다가 토익처럼 시험으로 해결될 것 같으면 책에 코를 박고 공부를 하겠지만 이건 회화다보니 어떻게 공부해야 할지 도통 감이 잡히지 않습니다. 그래서 말인데, 지난번처럼 예상 시나리오를 짜서 어떻게 할 수 없을까요?"

순간 박 코치의 얼굴은 일그러졌다. 그리고는 한 손으로 책상을 내리쳤다.

"역시나 예상대로군. 금빛이한테 전해 들으면서 어느 정도 짐작했지만 실망이야. 그런 일을 당하고도 그런 생각을 해? 그리고 프레젠테이션 시나리오는 빡빡한 일정 때문에 그렇게 했을 뿐이야. 뭔가 착각을 해도 단단히 하는 것 같은데."

"예. 하지만 7개월 동안 제가 어떻게 할 수 있겠습니까? 차라리 그 기간 동안 시나리오를 짜서 외워버리는 게……."

"이 친구 정말 어이가 없네. 무조건 외운다고 되는 줄 알아?"

박 코치가 홍 대리의 말을 자르며 버럭 화를 냈다.

"저도 남들처럼 영어공부를 20년 동안 했습니다. 그런데 지난번처럼 시나리오를 미리 짜서 외우는 방식이 저에게 제일 잘 맞습니다."

홍 대리는 더욱 강한 어조로 주장을 굽히지 않았다.

"그래? 그럼 지난번 외웠던 문장 중 몇 퍼센트나 머릿속에 남아있다고 생각하지?"

"그야, 뭐. 이제 더 이상 필요 없으니 잊으면 어떻습니까? 원래 암기란 것이 새로운 것을 외우기 위해서는 기존의 것을 좀 비워줘야 하지 않습니까."

박 코치는 어이없다는 표정을 지으며 입을 앙다물었다.

"형님, 한 번만 더 도와주세요. 이번 일은 너무나도 중요하고, 또 금빛이를 봐서라도……."

홍 대리는 박 코치의 손을 덥석 잡으며 애원했다.

"그만 돌아가. 이유를 갖다 댈 게 없어 여자친구를 들먹여? 또 프레젠테이션은 그렇다 치더라도 도대체 사람과 사람이 만날 때 어떻게 외운 걸로 대화를 할 수 있다는 생각을 했지?"

박 코치는 벌떡 일어나 뒤도 안 돌아보고 휴게실을 나가버렸다.

"아니, 도대체 왜 저렇게 빡빡하게 구는 거야?"

학원 밖으로 나온 홍 대리는 찝찝한 기분을 떨쳐낼 수가 없었다. 그때였다. 휴대폰 진동이 울렸다. 황금빛이었다.

"너 도대체 뭐하자는 거야! 나랑 약속이 틀리잖아!"

황금빛의 카랑카랑한 고음에 홍 대리는 울컥하는 기분이 들었다.

"아니, 왜 다들 나를 못 잡아먹어 안달이야? 내가 무슨 큰 죄라도 졌어? 영어 못하는 게 그렇게 큰 죄야?"

홍 대리는 억울하다는 듯 소리를 질러댔다.

"너 분명히 약속했잖아. 이번 기회에 좀 더 체계적으로 해보 겠다고. 그런데 다시 시나리오를 외우니 어쩌니 하는 이야기를 네가 먼저 꺼냈다며? 그게 말이 돼? 말이 되냐구!"

황금빛도 지지 않았다.

"몰라! 좀 편하게 하자는 건데 왜들 그러는지, 원."

"제발 좀 정신 차려. 생각해봐. 네가 이야기만 잘했더라도 오 빠가 도와줬을 거 아냐. 7개월 동안 어떻게 할 거야. 딱히 다른 방법이 없잖아. 그러니 네가……."

"내가 알아서 할 거야. 그러니 그만하자. 박 코치, 아니 형님 이 못 도와준다고 해서 하늘이 무너지냐? 어떻게든 내가 알아 서 방법을 찾아볼 테니 걱정하지 마."

홍 대리는 거칠게 휴대폰을 닫았다.

"쳇, 까짓것 못할 게 뭐 있어. 내가 직접 알아보면 되지."

홍 대리는 이왕 학원가로 온 김에 몇 군데를 들러보기로 했 다. 유능한 영어강사 쯤이야 박 코치 말고도 많을 것이라는 생 각이었다. 고개를 들어 살펴보니 거리 곳곳에 영어학원을 나타 내는 네온사인이 불을 밝히고 있었다.

"저, 비즈니스 회화 전문강사를 찾는데요."

홍 대리는 일단 눈에 보이는 첫 번째 학원에 들어가 물었다.

"수강하시려구요?"

"아, 예. 근데 선생님을 미리 만나서 좀 여쭤볼 게 있어서요."

홍 대리는 학원강사 몇 명을 만났다. 그리고 자신의 상황에 대해 대충 설명한 다음에 외국인 바이어와 비즈니스에 대해 이야기할 때 사용할 수 있는 모든 문장을 만들어서 외우도록 도와줄 수 있냐고 물었다.

"기초적인 비즈니스 회화의 유형을 말씀하시는 거죠? 그건 저희 교재에도 잘 나와 있는데……."

"아뇨. 비즈니스 회화를 공부하겠다는 게 아니라 당장 외국 바이어들이 왔을 때 사용할 수 있는 영어를……."

"그때그때 무슨 말을 할지, 또 어떤 분야의 대화인지 모르는데 어떻게 사전에 외울 수 있는 문장이 만들어지죠? 차라리 통역을 데리고 다니는 게 나을 텐데요."

"통역요?"

홍 대리는 한결같은 강사들의 반응에 힘이 쭉 빠졌다.

'통역을 데리고 다니라고? 가만, 차라리 회사에다 통역을 부탁할까? 아니지. 사장은 내가 영어를 잘하는 사람으로 알고 있는데 통역을 부탁한다는 게 말이 안 되잖아. 젠장, 이렇게 도와줄 사람이 없나?'

홍 대리는 축 처진 어깨로 터덜거리며 집으로 돌아왔다.

"제길!"

답답한 마음에 냉장고에서 맥주를 꺼내들었다. 아무리 생각해도 뾰족한 수가 떠오르지 않았다. 그렇다고 포기할 수도 없는 상황이었다. 괜히 주변사람들 모두가 원망스럽고 황금빛마저도 야속했다.

홍 대리는 며칠 동안 퇴근 후 유명학원이나 강사를 찾아다녔다.
"그런 건 저희로서도……."
대부분의 강사들은 황당하다는 반응이었다. 심지어 어떤 강사는 화를 내며 내쫓는 경우도 있었다.
"당신은 영어를 공부하기 이전에 제발 상식이라는 개념부터 찾으세요!"
문전박대나 다름없는 대접을 받으면서까지 돌아다녀 봤지만 성과는 없었다. 어느새 일주일이 훌쩍 지나버렸다.
'이러다가 7개월이 다 가는 거 아냐? 왕 팀장님은 부탁한다고만 하고 별 다른 도움도 안 주고. 이거 완전히 사면초가네.'
입술을 질끈 깨물며 고민해봐도 다른 대안은 떠오르지 않았다. 속절없이 하루하루가 지나는 것을 바라보고 있어야만 했다. 홍 대리는 이렇게 무력한 자신이 한심할 뿐이었다.

홍 대리가 끙끙 앓고 있는 일주일 동안 황금빛은 황금빛대로 속이 끓었다. 다툼이 있은 후로 서먹해졌지만 하루 이틀 사귀어 온 것이 아니다보니 서운한 감정은 잊을 수 있었다. 그보다는 혼자 백방으로 뛰어다니는 홍 대리를 보며 걱정이 앞섰다. 구겨진 얼굴이 펴지질 않는 것으로 보아 뜻대로 잘 되지 않는 것 같았다. 보다 못한 황금빛은 따로 박 코치를 찾아갔다.

"오빠, 오빠가 한 번만 봐주면 안 돼요?"
황금빛은 조심스레 홍 대리 이야기를 꺼냈다.
"한 번만 봐 달라니. 그게 무슨 말이야? 나보고 지금 그 친구가 말한 엉뚱한 짓거리를 하라는 거야? 너마저 왜 이래!"
박 코치는 쓸 데 없는 소리를 할 거면 돌아가라며 역정을 냈다.
"아니, 오빠 제 이야기는 그게 아니에요. 대강이가 말한 방식이 틀렸다는 건 저도 인정해요. 그러니까 어떻게든 제가 대강이를 설득할 테니까 오빠가 한 번만 더 기회를 주세요. 네?"
"그 친구가 그렇게 마음을 돌릴까? 내가 보기엔 기본이나 정도보다 요령과 꼼수로 일을 풀어나가겠다는 사람처럼 보이던데."
"걔가 그렇게 나쁜 사람은 아니에요. 워낙 다급하고 풀어갈

방법이 없어서 마음이 조급한 것뿐이라구요. 그러니 오빠가 한 번만 더……."

황금빛은 박 코치에게 다시 매달렸다.

"영어를 배운다는 것은 단순히 공부를 하겠다는 것과는 다른 거야. 영어는 우리가 우리말을 하는 것과 같이 언어이고, 그 과정은 트레이닝이라고 볼 수 있지. 우리가 운동을 배울 때 트레이닝하는 것처럼 영어도 꾸준히, 그리고 열심히 그 과정을 따라가야 하는 거야. 수십 년을 해도 제대로 안 되는 것은 영어를 단순히 공부로 받아들였기 때문이지. 그런데 그 친구는 제대로 트레이닝을 받아보겠다는 생각보다는 아직도 영어를 책상머리의 암기과목 정도로 생각하고 벼락치기로 어떻게 해볼 수 있다고 생각하는 것 같아."

박 코치의 음성은 많이 누그러져 있었다. 황금빛은 이때다 싶어 더 강하게 매달렸다.

"요령이나 꼼수만 있는 사람이 한 달 동안 그렇게 열심히 시나리오를 외우고, 또 발음을 교정할 리가 없잖아요. 아직 어떻게 하는 게 좋은지 몰라서 그러는 거예요. 그러니 이번 기회에 제대로 하게끔 하면 좋잖아요. 네? 오빠!"

황금빛은 미소를 머금은 채 박 코치를 설득해갔다. 마침내 박 코치가 두 손을 들자 황금빛은 환하게 웃으며 고맙다는 말을 몇 번이고 했다.

"그런데 네 부탁대로 한다 하더라도 그 친구가 제대로 따라올지 모르겠다. 무엇보다 중요한 것은 본인의 의지인데 말이야. 일단 다음 주에 있을 카페 정모에 나오라고 해. 내가 따로 만나서 이러쿵저러쿵 하느니 카페 멤버들을 보면 자연스레 깨닫는 게 있겠지."

"고마워요 오빠! 이번엔 정말 제대로 할 거예요."

황금빛은 싱글거리며 박 코치에게 연신 고맙다고 했다.

홍 대리, 박 코치에게 무릎을 꿇다

황금빛이 박 코치 문제를 해결해왔다. 이럴 때 보면 황금빛은 씩씩한 여전사를 떠올리게 했다. 언제나 그랬다. 대학시절, 리포트 때문에 끙끙대고 있을라치면 어느새 황금빛은 잘 정리된 자료를 가져와 그에게 내밀었다. 전날 술독에 빠져 중요한 시험을 놓쳤을 때도 황금빛은 그를 위해 지도교수를 찾아가 주었다. 그리고는 재시험이라는 훌륭한 성과물을 얻어오며 승리의 브이를 그리곤 했다.

"아직 멀었어?"

홍 대리는 숨을 헐떡이며 앞서가는 황금빛의 가방을 부여잡았다.

"이제 조금만 더 가면 돼. 남자가 왜 그렇게 힘이 없어?"

황금빛이 홍 대리의 옆구리를 툭 치며 웃었다.

"야, 어제까지 계속 야근 했단 말이야. 피곤해 죽겠는데 왜 이렇게 많이 걸어? 형님 만나러 가는 거라면 학원으로 가면 되잖아. 근데 왜 홍대 앞으로 가?"

홍 대리는 앞서 가는 황금빛을 따라 가면서 계속 투덜거렸지만 얼굴에는 미소가 번졌다.

'그래도 황금빛 너밖에 없구나. 안 그래도 몇 주가 그냥 지나가는 데 해결책이 없어 죽을 지경이었는데 네가 날 살리는구나.'

홍 대리는 어제 사무실에서 황금빛으로부터 옥상으로 올라오라는 호출을 받았다. 서먹하기도 하고 미안하기도 한 홍 대리는 황금빛에게 선뜻 말을 걸 수가 없었다. 그동안 간간이 서로 안부만 확인하는 정도였다. 그런데 황금빛이 대뜸 박 코치와 약속을 다시 잡았다고 하는 것이었다. 싫다고 툴툴댔지만 내심 다행이다 싶었다. 박 코치 말고는 답이 보이지 않았던 것이다.

"여기에요. 금빛 님!"

"어머, 안녕하세요. 블루드라곤 님."

홍 대리는 당황스러웠다. 박 코치를 만나러 온 줄 알았는데, 십여 명의 사람들이 황금빛을 향해 손을 흔들어대는 게 아닌가? 게다가 다들 영어로 말하고 있었다.

"근데 같이 오신 분은 누구?"

"아, 카페에 관심이 많다고 해서 데리고 왔어요. 이쪽은…."

황금빛이 홍 대리에게 인사하라며 작게 속삭였다.

"아, 예. 저는 홍대강이라고 합니다."

어떨 결에 인사를 하게 된 홍 대리는 어정쩡한 자세로 황금빛 옆자리에 앉았다.

"You know, last week……. 지난주에 말이에요……."

누군가 영어로 다시 떠들기 시작하자 테이블에는 다시 웃음과 대화가 이어졌다.

'젠장, 뭐야. 왜 모두 영어로 말하고 난리야. 대체 여긴 무슨 모임인데 얘는 날 여기로 데리고 온 거야. 형님은 또 어디 계신 거야?'

홍 대리는 불쾌한 기분까지 들었다. 참다못한 홍 대리는 황금빛의 팔을 살짝 꼬집었다. 사람들과 인사를 나누던 황금빛이 미간을 찌푸리며 낮게 속삭였다.

"미안. 오늘 오빠를 만나기로 했는데 마침 카페 정모와 겹쳐져서 어쩔 수 없었어. 오빠는 지금 오는 중이라고 문자가 왔어."

홍 대리도 옆 사람들이 들리지 않게 작은 목소리로 속삭였다.

"미리 말을 해주던가. 뭐야 이게? 그리고 여긴 왜 영어로 말하고 난리야?"

홍 대리와 황금빛이 귓속말로 이야기를 주고받는 중에 박 코치가 들어왔다.

"Hi! everybody! How is it going? Wow! You guys are really digging in English, right? Ha-ha! Just never mind me. And keep on talking, everyone. 다들 잘 지내셨어요? 이런 다들 영어삼매경에 빠져 있네. 하하. 다들 나 신경 쓰지 말고 계속 이야기하세요."

박 코치는 황금빛의 옆으로 와 앉았다. 홍 대리는 자리에서 일어나 허리를 숙여가며 그에게 인사를 했다. 그런데 박 코치는 가볍게 눈인사만 한 후 곧바로 사람들의 대화에 참여했다. 무안해진 홍 대리는 다시 황금빛에게 속삭였다.

"도대체 언제 이야기를 하겠다는 거야. 이런 자리라면 형님과 따로 말할 수도 없잖아. 나 그냥 갈까?"

"조금만 기다려. 그렇게 오래 걸리지는 않아. 그리고 너 제대로 공부하려면 이 카페 사람들과도 친해질 필요가 있어. 또 이야기도 들어보라구. 여긴 너보다 더 어려운 환경 속에서도 영어를 정복한 사람도 있으니까."

황금빛은 다시 사람들과 이야기를 나누기 시작했다. 홍 대리는 잔뜩 부은 얼굴로 꿔다 놓은 보릿자루 마냥 맥주만 마셨다. 그때였다.

"Hey, Mr. Hong! 헤이! 미스터 홍."

맞은편에 앉아있던 금테안경을 쓴 남자가 갑자기 홍 대리에게 말을 걸어왔다. 홍 대리는 마시던 맥주잔을 내려놓고 어색한 웃음을 지으며 바라보았다. 금테안경은 홍 대리의 반응은 아랑곳하지 않고 계속해서 홍 대리에게 말을 건넸다.

'한국말로 좀 하지!'

홍 대리가 계속 알아듣지 못하자 남자는 한 쪽 입 꼬리를 올리며 살짝 웃었다. 바로 그 때 홍 대리의 기억 속에 떠올리기 싫은 한 장면이 스쳐지나갔다.

'젠장, 갑자기 그 기분 나쁜 녀석이 왜 생각나는 거야? 그러고 보니 그때 그 녀석도 금테안경이었지.'

홍 대리는 금테안경을 보니 느닷없이 ITS Asia에서 통역을 맡았던 직원이 생각났다. 아직도 그때 자신을 비웃는 듯 미소를 지으며 영어공부를 더 하라던 모습이 떠올랐다.

'재수 없는 녀석들은 다 금테안경을 쓰나? 쳇.'

그러나 속마음과 달리 홍 대리의 얼굴은 당황한 기색이 역력했다. 그 남자는 홍 대리를 슬쩍 보더니 어깨를 들썩이며 양손을 올리는 몸짓을 취했다. 그리곤 다른 멤버에게 말을 걸며 대화를 하기 시작했다. 굴욕감을 느낀 홍 대리는 옆자리의 황금빛에게 고개를 숙여 귓속말로 물었다.

"너 저 사람 알아?"

"누구? 아, 저분? 다크나이트 님인데 우리 카페에서 나름 에

이스지."

"다크나이트? 이름대로 음흉한 놈이네. 에이스는 무슨."

"쉿! 듣겠다. 그런데 왜 그래?"

"아무것도 아니야."

홍 대리는 맥주를 마시며 금테안경을 힐끗 보았다. 영어를 잘하는 것뿐만 아니라 분위기를 주도하고 있었다. 그래서인지 모임의 여자회원들은 대부분 얼굴에 미소를 띠며 그와 이야기를 나누었다. 황금빛도 예외는 아니었다. 홍 대리는 속이 뒤틀렸다. 그렇다고 드러내놓고 불쾌한 모습을 보일 수도 없었다.

어느 정도 이야기가 끝나가자 박 코치가 모임을 주도하기 시작했다. 대화는 계속 영어로 이어졌고 홍 대리는 여전히 무슨 말을 하는지 알 수가 없어 답답하기만 했다.

'젠장, 시나리오를 한 달 동안 귀에 못이 박히도록 들었는데, 이건 도통 무슨 이야기인지 알아들을 수가 없다니.'

홍 대리는 딱히 할 일도 없던 터라 자연스레 이야기에 귀를 기울였다. 대충 몇몇 단어가 귀에 들어왔다. 시나리오를 외우면서 수없이 발음했던 단어들이었다. 그 부분만큼은 확실하게 들렸다. 역시 말을 할 수 있어야 들린다는 박 코치의 말이 맞았다. 괜스레 기분이 좋았다. 그동안 외운 게 헛고생은 아니었다는 생각에 뿌듯하기까지 했다.

'시나리오 외운 게 나름 공부를 한 셈이네. 어디 한 번 더 들

어볼까?'

홍 대리는 귀를 쫑긋 세우며 대화의 내용을 열심히 들으려고 노력했다. 대화 도중에 기업 이름이 나오는데 얼마 전 파산한 미국기업이었다. 그리고 달러와 오일을 이야기하는 것을 보니 경제위기와 관련해서 토론을 하고 있는 것처럼 보였다. 하지만 더이상 어떤 구체적인 이야기가 오가는지는 알 수가 없었다.

'쩝, 여기까지가 내 한계인가보군. 근데 무지하게 떠들어대네. 쳇, 자기네들끼리 계속 떠들라고 하지. 그래도 나한테 말은 걸지 않으니 다행이네. 그런데 이거 다행인지, 아니면 무시당하는 건지 원.'

어느덧 모임은 끝나고 사람들은 삼삼오오 떠났다. 홍 대리와 황금빛, 그리고 박 코치만 남았다. 홍 대리는 박 코치의 잔이 빈 것을 보고 맥주를 따랐다.

"잔이 비었네요. 한 잔 하시죠. 형님. 아휴, 한국말로 하니 얼마나 좋아. 모쪼록 우리나라 사람들은 우리말로 해야지. 하하."

홍 대리는 박 코치의 기분을 상하게 하고 싶지 않아 일부러 크게 웃었다.

"이거 본의 아니게 미안하게 됐군. 2주일에 한 번씩 갖는 정기 모임이라 어쩔 수 없었어."

박 코치의 말투가 많이 누그러져 있었다.

"오빠 괜찮아요. 약속을 다음으로 미루려고 해도 워낙 허투루 보낸 시간들이 많아서요."

황금빛의 말처럼 7개월 중 벌써 3주가 그냥 흘렀다.

"험험."

홍 대리는 황금빛의 말에 헛기침만 했다.

"그래, 아직도 생각에는 변함이 없는 거야?"

"예? 무슨?"

"여전히 시나리오를 미리 짜서 외우는 방식이 맞는다는 생각에 변함이 없냔 말이야."

박 코치는 말을 둘러하지 않았다. 홍 대리는 당황했다.

"그야, 뭐……."

홍 대리는 박 코치의 눈을 제대로 바라보지 못하고 말을 더듬었다. 아직 이렇다 할 결정을 내리지 못한 게 사실이다.

"잘 알다시피 오늘 이 자리에 있었던 사람들은 몇 시간 동안 모든 대화를 영어로 했어."

"그렇더군요."

"그 중에는 다크나이트처럼 유창하게 하는 친구도 있지만, 개중에는 너와 비슷한 수준이지만 열심히 영어로 듣고 말하려고 노력했던 사람도 있었어."

"네? 아니 다들 유창하게 영어를 하던데요?"

홍 대리는 기억을 더듬어 보았지만 실력이 낮다고 여겨지는 사람은 없었던 것 같았다.

"영어라면 울렁증부터 일으키는 네가 누가 잘하는지 못하는지 알 수가 없겠지. 그러나 자세히 보면 분명 알 수 있어. 금빛이 넌 어때?"

"오늘 보니 새 얼굴들도 보이던데요? 물론 새 멤버라 해서 다 영어를 못하는 것은 아니지만. 그 중 한 명은 다크나이트보다는 못하지만 제법 수준이 있어 보였어요. 다른 한 명은 이제 입문하려는 듯한 사람 같았구요."

제 눈에는 모두들 비슷비슷한 실력처럼 보였는데 황금빛이 그 사람들의 수준을 가늠하는 것이 홍 대리는 신기했다.

"어쨌건 대강이 넌 그 모든 사람들이 대화를 할 때 미리 정해진 대사를 암기한 것이라고 생각해?"

"암기요? 아, 아니요."

그들은 자신의 의견을 거침없이 말했을 뿐만 아니라 그 표정 역시 너무나 자연스러웠다. 홍 대리는 자신의 경험을 보더라도 도저히 암기를 통해서는 그런 자연스런 표정이 나올 수 없음을 알고 있었다.

"프레젠테이션까지는 외워서 할 수 있었을 거야. 하지만 프레젠테이션이 끝나고 난 뒤의 질의응답 시간에는 한 마디도 못했다면서? 사실 그게 당연한 거지. 질의응답은 달달 외워서 시험을 치는 것이 아니라 말 그대로 대화, 커뮤니케이션을 하는 것이니까."

박 코치도 왕고수 팀장과 같은 말을 했다.

"예······."

"우리말로 대화를 할 때 누가 그걸 외워서 해? 미리 준비는 하더라도 막상 이야기가 시작되면 어떤 변수가 튀어나오고, 어떤 주제로 넘어갈지 모르는 일이거든."

홍 대리는 별 다른 반박을 할 수가 없다.

"이제 더 이상 고집은 피우지 않겠지? 사람들은 가끔 잘못된 판단을 하고서도 쉽게 고치려 하지 않지. 그러나 방향을 잘못 잡아 배가 빙산으로 가고 있는데, 선장이 계속 자신의 판단능력에 대해 의심하지 말라고 하면 어떻게 될까? 결국 타이타닉의 신세가 되는 거야."

"예, 잘 알겠습니다. 그런데 지금부터 다시 영어책을 펼쳐 놓고 공부를 해야 하나요?"

질문을 하면서도 홍 대리는 자신이 얼마나 우문을 하는지가 느껴졌다.

"하하, 마음은 급한데 어찌할 바 모르겠다는 심정이군, 그래. 지금 그럴 시간이 어디 있어? 우직하게 공부하는 것도 좋지. 하지만 목표와 계획이 분명하고 실천의지가 있다면 가장 효율적인 방법을 찾아야 하지 않을까?"

"효율적인 방법요?"

홍 대리는 박 코치의 '효율적인 방법'이라는 말에 눈이 빛났다. 뭔가 쉬운 방법이 있는 모양이라는 생각이 든 것이다.

"그래. 효율적인 방법 말이야. 바로 '1,000시간 영어 훈련법'을 시작하는 거야."

"예? '1,000시간 영어 훈련법'요?"

난생 처음 듣는 영어 공부법이었다.

"너에게 주어진 시간을 잘만 이용하면 충분히 승산이 있는 게임이지."

대충 시간을 계산해보니 남은 6개월여 동안 충분히 할 수 있는 계획이었다. 홍 대리는 의자를 바짝 앞으로 당겨 박 코치의 말에 귀를 기울였다.

박코치의 영어 훈련소
영어의 소리그릇에 내용물을 담고 꺼내라!

일단 '소리그릇'을 만들어 3,500단어를 활용한 기본적인 듣기와 이해가 가능해졌다면 그 다음은 말하기와 쓰기다. 말을 잘 하고 글을 잘 쓰기 위해서는 다양한 분야에 관한 많은 듣기와 읽기를 해야 한다. 그래야 많은 단어, 배경지식, 관용표현들을 소리그릇에 담을 수 있다. 즉, 가능한 많은 영어문장을 읽고 들어야 하며 그 중 좋은 문장들은 외워나가야 한다. 충분한 인풋 INPUT 이 있어야만 충분한 아웃풋 OUTPUT 이 생기게 되는 것이다. 충분한 인풋이 없이 무조건 대화연습을 하다보면 나오는 말이 단순한 인사나 호구조사 정도에 머물게 된다. 따라서 다양한 분야를 아우르는 진정한 영어를 구사하기 위해서는 많이 듣고 읽는 훈련이 반드시 필요하다.

말하기, 쓰기란 이 그릇에 영어문장이 흘러넘치는 과정이라 보면 된다. 물론 무조건 듣고 읽는 것을 통해 내용물을 담는다고 해서 쓰고 말하는 것이 저절로 되는 것은 아니다. 반드시 듣고 읽은 것을 요약, 정리해서 적고 외우고 말해보는 훈련을 거쳐야만 한다. 특히 시트콤과 영화 같은 것은 롤플레이나 연극, 연기 등의 훈련을 병행해야 한다. 이때 혼자서 거울을 보고 이야기해도 무방하고, 영어를 전혀 못하는 한국 사람을 앞에 두고 연습해도 상관없다. 스터디 그룹을 조직해 운영한다면 그 효과는 배가 될 수 있다. 이미 인터넷에 있는 영어 관련 카페를 활용하는 것도 좋다.

흔히 한국인끼리 영어를 하면 영어가 늘지 않는다는 고정관념을 가지고 있다. 하지만 누구와 이야기하든 정확한 인풋을 하면서 대화가 이루어진다면 상관없다. 왜냐하면 이러한 정확한 인풋을 통해 자신의 틀린 부분(콩글리쉬, 브로큰 잉글리쉬 등)들을 자연스럽게 교정해나갈 수 있기 때문이다. 또한 인풋을 많이 가진 상태라면 일반 미국인 영어회화 수업도 무방하다.

Part 3
홍대리, '1,000시간 영어 훈련법'에 돌입하다

1,000시간을 확보하라

 박 코치는 '1,000시간 영어 훈련법'에 관해 본격적인 설명에 들어갔다. 그는 단계별 학습과정과 일상적인 훈련법에 대해 각각 나누어서 이야기했다.
 "잘 들어. 영어는 꾸준히 해야 한다는 건 너도 잘 알고 있을 거야. 그렇다고 해서 무식하게 하루 열 시간 이상 책상머리에 앉아서 책을 판다고 될 일이 아니지. 결국 공부도 전략이야."
 박 코치는 손가락으로 머리를 가리켰다.
 "효율적으로 목표를 달성하기 위해선 좀 전에도 말했지만 계획을 세밀하게 세워야 돼. 그리고 다시 한 번 강조하지만 실천의지가 있어야 하지. 그런데 실천의지라는 게 단순히 각오만 한다고 해서 생기는 것이 아니야. 그것보다 조금씩 자신의 의지를 실천하는 과정을 확인해야지만 애초의 각오가 사라지지 않는 법이지."

홍 대리는 영어공부를 하면서 웬 의미부여가 저렇게 많냐며 속으로 투덜거렸다. 박 코치의 이야기가 계속 이어졌다.

"영어를 공부라고 생각하지 마. 영어는 트레이닝이야. 이제 1,000시간 영어 훈련법에 대해서 알아볼까?"

박 코치는 가방에서 종이를 꺼내 홍 대리에게 건네줬다.

"이제 주어진 시간은 지금부터 6개월이야. 시간으로 치면 대략 4,300시간이 넘는데, 그중 잠자고, 먹고, 업무하는 시간 등을 고려해서 1,000시간 훈련은 가능하겠지."

"1,000시간요? 그럼 대략 4분의 1인데, 6개월 동안 먹고 자고 일하는 시간만 대충 계산해도 2,400시간이면……. 정말 그 외에는 영어에만 거의 매달리란 말씀이네요."

홍 대리는 어이없다는 표정을 지으며 박 코치에게 되물었다.

"그렇지. 왜? 자신 없어?"

"아뇨. 그건 아닌데……."

홍 대리는 선택의 여지가 없다는 것을 누구보다도 잘 알고 있었다. 박 코치는 말을 이어갔다.

"어떤 목표를 정하고 그것을 성취하려면 당연히 '선택과 집중'의 원칙을 지켜야 하지 않을까? 목표를 달성하기 위해 무엇을 선택하고, 또 어떤 것을 포기할지 말이야. 너의 일상에서 포

1. 내공 쌓기 Ⅰ, 브라이언 트레이시를 만나라!
    총 50시간(하루 4~5시간/12일) → +50

2. 내공 쌓기 Ⅱ, 스티브 잡스와 친해져라!
    총 20시간(하루 4~5시간/5일) → +70

3. 세 명의 고수를 만나라!
    총 10시간(하루 4시간/3일) → +80

4. 소리영어의 그릇을 만들어라, 영화 세 편 끝장내기!
    영화 한 편당 80시간, 총 240시간(하루 4시간/60일)
    → +320

5. 팝송은 매일 먹는 영양제!
    총 70시간(하루 20분/매일) → +390

6. 내공 쌓기 Ⅲ, 마지막 강의를 들어라!
    총 30시간(하루 4시간/8일) → +420

7. 내공 쌓기 Ⅳ, 외국인 30명을 만나라!
    총 80시간(20일) → +500

8. 시트콤과 미드에 빠져라!
    총 200시간(하루 4시간/50일) → +700

9. 배경지식을 쌓아라!
    총 200시간(하루 4시간/50일) → +900

10. 영어로 싸워서 이겨라!
    총 100시간(하루 4시간/25일) → +1,000

기할 수 있는 것은 과감하게 포기할 수 있어야 해. 그리고 너의 노력을 집중해야지. 운동을 할 때도 집중훈련이라는 것이 있잖아? 단기간에 성과를 내겠다는 목표가 확실하다면 때론 집중훈련이 효과적이기도 하지. 그렇지 않고서는 하는 둥 마는 둥 하다가 관둬버리게 돼. 지금까지 수십 년을 공부했다고는 하지만 뚜렷한 목표를 갖고 집중적으로 공부한 적은 별로 없을 거야. 그렇기 때문에 변화가 없었던 것이기도 하고."

"오빠 말이 맞아. 더군다나 넌 6개월 안에 해야 하잖아."

황금빛이 박 코치의 말을 거들었다. 홍 대리는 우선 숨을 크게 들이마셨다. 예상하지 못했던 이야기였다. 그저 교재를 정해주고 언제까지 공부해서 테스트를 받으면 되는 줄 알았다. 그런데 이건 완전히 자신의 일상을 바꾸라는 주문이었다.

"이제 단계별 학습목표에 대해서 이야기할 테니 잘 들어."

박 코치는 1,000시간 영어 훈련법을 10개의 관문으로 나누어 설명하기 시작했다.

종이를 들여다보던 홍 대리는 숨이 턱 막혀왔다.

"대부분 하나의 미션을 수행하면 그 다음 관문으로 넘어가는 거야. 그렇지만 다섯 번째 관문처럼 매일 해야 하는 것도 있지. 어때, 할 수 있겠지?"

"휴, 정말 빡빡하네요. 이건 뭐 주말도 없이……."

6개월 동안 주말을 거의 포기하다시피 해야 하는 스케줄이었다.

"분명히 말하지만 주말의 여가나 음주가무는 가급적 포기하고 영어에 모든 시간을 투자해. 정신건강과 시간활용을 위해 담배도 끊고. 그리고 아침에 일어나자마자 오디오를 켜서 팝송을 듣거나 외우고 있던 스크립트 파일을 듣는 것으로 시작하는 거야."

"잠에서 막 깨어나 들으면 오히려 역효과가 나지 않을까요? 비몽사몽 간에 듣게 될 텐데······."

"평소에 듣거나 외우던 것이라면 흥얼거리며 따라하게 될 거야. 그게 좋아. 자연스럽게 하니까. 그리고 출근 때 길을 걷거나 지하철 이용시간은 무조건 영어에 올인하라구. 특히 걸을 때 영어를 들으면서 따라하는 게 좋아. 시나리오를 외웠을 때처럼 말이야."

박 코치는 자투리 시간이야말로 영어훈련의 핵심이라고 말했다. 업무니 뭐니 하며 공부할 시간이 없다고 하지만 이래저래 따져보면 자투리 시간이 너무나 많다는 것이었다.

"말 그대로 자투리야. 10분, 20분씩 틈나는 시간이 있을 거야. 이 시간을 버리면 아무 것도 못해. 꼭 명심해. 점심을 먹을 때도 혼자 도시락 먹으면서 영어를 들어. 그리고 소리 내어 따라하는 거야. 물론 퇴근길에 피곤하다고 영어를 놓아서도 안 돼. 졸립다고 지하철에 앉아서 잠으로 시간을 보내도 안 되지.

졸리면 차라리 서서 가라고. 그리고 한 번이라도 더 듣고 외워."

'뭐야, 정말 그렇게까지 해야 하는 건가?'

들으면 들을수록 홍 대리는 난감한 느낌이 들었다.

"공부를 할 때 가장 큰 적은 지루함과 산만함, 이 두 녀석들이야. 그것을 이기기 위해 텔레비전도 과감히 끊어야지. 1,000시간 미션을 완수하기 전에는 절대 텔레비전을 켜서는 안 된단 말이야. 간혹 영어방송은 괜찮겠지 하는 생각에 그냥 흘려 들을 만한 프로그램을 보려고 하겠지만 이것도 별 도움이 안 돼. 오직 반복 청취 훈련만이 필요할 뿐!"

"이건 뭐 군대에서 신병훈련 받는 기분인 걸요. 하하. 텔레비전도 안 된다니……. 이거 완전히 수도원에서 생활하라는 건데."

홍 대리는 겉으론 웃고 있었지만 표정에서는 못마땅함이 묻어 나왔다. 홍 대리의 기분에는 아랑곳하지 않고 황금빛 수첩을 꺼내 열심히 메모를 하고 있었다.

"잘 들어. 그럼 집에 가서 가장 먼저 두 시간 동안 해봐. 오늘은 술도 마시고 했으니 내일부터 하면 되겠네. 마침 내일이 주말이잖아. 두 시간 정도 워밍업 한다고 생각해."

"두 시간 정도야 책상 앞에 붙어서 할 수 있습니다. 걱정마십시오!"

두 시간이라는 말에 홍 대리는 힘이 나는 것 같았다.

"책상? 물론 집중력을 위해서는 집에서 조용히 혼자 훈련하는 것도 좋아. 하지만 항상 영어를 책상 앞에 앉아서 해야 한다는 생각은 오히려 방해가 될 수 있어. 자투리 시간을 활용하라구. 책상 앞에서 자투리 시간이란 게 말이 돼?"

"그럼 어떻게 하라는 것인지……?"

"때론 일탈을 한다는 기분으로 돌아다니면서 해봐. 동네 공원벤치나 한적한 카페, 아니면 비오는 날에 조용한 곳에 주차를 하고 차 안에서 하는 방법도 괜찮지."

"난 예전에 오빠 말을 듣고 순환버스나 지하철을 탔어. 특히 순환버스를 타면서 바깥 경치를 구경하다보면 공부 스트레스도 날릴 수 있어서 좋더라구. 물론 귀에는 이어폰을 꽂고 열심히 외우고 발음 연습하면서 말이야."

홍 대리가 듣기에도 그럴 듯하게 들렸다.

"금빛이 말이 맞아. 어찌 보면 일석이조야. 공부도 하면서 여유도 가질 수 있지. 가뜩이나 직장일 때문에 스트레스 받을 텐데 술도 먹지 마라, 텔레비전도 보지 마라 하면 오히려 억눌린 기분으로 훈련을 망칠 수가 있어."

"그런 방법이 있었네요. 운동도 할 겸 동네 산책을 즐겨야겠네요. 하하."

"그렇게 하면 좋지. 특히 산책하면서 발음교정과 문장을 암기하는 것은 정말 효과가 좋다는 걸 스스로 알게 될 거야."

홍 대리는 잠시 분위기가 부드러워지자 담배를 꺼내 물었다.

"담배 끊으랬지! 방금 오빠가 말했는데 바로 담배를 꺼내 물어?"

"아, 깜빡했네. 습관이 돼서. 근데 이거 피우고 끊으면 안 될까?"

홍 대리는 머쓱한 표정으로 담배를 쥐고 있었다.

"이왕 끊기로 한 거라면 미룰 필요가 없지."

박 코치는 단호한 표정으로 말했다. 홍 대리는 슬그머니 담배를 담뱃갑 속으로 밀어 넣었다.

"어쨌건 형님 시키는 대로만 하면 6개월 뒤에 미국에서 사람이 와도 제가 파트너로서의 역할을 충분히 할 수 있다는 말씀이죠?"

"아마 그 이상의 것을 얻을 수 있을 거야."

"그 이상의 것이요?"

"하하. 궁금한 게 많은가 보네. 이봐. 아직 아무것도 시작하지 않았어. 네가 이 과정을 겪으면서 무엇을 얻을 건지 그렇게 궁금하다면 직접 해보면 되잖아?"

홍 대리는 더 이상 묻지 않았다. 솔직히 홍 대리는 '그 이상의 것'까지는 바라지도 않았다. 그저 6개월 뒤 망신만 당하지 않을 정도의 실력을 쌓기만 바랄 뿐이었다. 박 코치는 첫 번째 미션부터 통과하라며 다음 약속을 잡고는 먼저 일어섰다.

박 코치와 헤어진 홍 대리는 황금빛과 근처 테이크아웃 커피점으로 들어갔다.

"너 표정이 왜 그래? 생각이 바뀐 거야?"

"아냐! 지금 와서 어떻게 생각이 바뀌어? 그냥 좀 심란하다 이거지."

"왜?"

"주말엔 하루 10시간도 공부할 수 있다는 말에 내가 지금 무슨 생고생을 하는지 싶어서……. 이건 뭐 수험생도 아니고 말이야."

홍 대리는 생각만 해도 저절로 한숨이 터져 나왔다.

"맞아. 너 수험생이야. 그리고 수험생처럼 살아야 해. 이제 6개월 정도가 남았어. 그때 어떻게 되느냐가 네 인생의 전환점이 될 거라는 건 너도 알고 있잖아. 그러니 수험생보다 더 긴장해야지. 안 그래?"

시무룩한 홍 대리와는 달리 황금빛의 표정은 그 어느 때보다 밝았다.

"너까지 왜 그렇게 부담을 주냐. 됐어, 됐다구. 으이구."

"호호, 그래도 짜증내지 않는 걸 보니 다행이네. 오빠 말대로 열심히 하겠다는 의지가 있다는 거니까."

"근데 말이 1,000시간이지 좀 암담하다. 그것도 남은 6개월 안에 다 해내야 되잖아."

"먼저 1,000시간을 계획하라고 했잖아. 주말에 놀러가는 거나 퇴근 후 회식까지도 가급적 자제하고 자투리 시간까지 활용해야지. 그나저나 난 너 때문에 무슨 고생이야. 이건 뭐 과거 시험 보러 가는 서방님 뒷바라지 하는 것도 아니고. 에휴, 이제 나도 주말에 노는 건 다 글렀네."

입을 삐죽 내민 황금빛이 홍 대리를 살짝 흘겨보았다.

"에이, 금빛 마님. 진정하시고. 일이 잘 되면 우리 여행이라도 가자."

홍 대리는 겉으로는 황금빛을 달랬지만 속은 돌덩이처럼 무거웠다. 1,000시간이라는 시간도 부담스러웠지만 그보다 더 마음을 짓누르는 건 자신에 대한 불신이었다. 사실 그 훈련을 마치고 나면 맡은 업무를 잘 해낼 수 있을까에 대해 의심이 가는 것이었다.

홍 대리는 박 코치가 건네준 종이를 펼쳐 들었다. 보면 볼수록 한숨만 나오는 종이다.

"어때? 할 수 있겠지?"

황금빛이 종이에 적힌 글귀를 눈으로 따라 읽으며 홍 대리에게 물었다.

"휴, 다른 건 그렇다치고 외국인 30명을 만나라거나 영어로 싸워서 이기라는 건 또 뭐야?"

"호호, 원래 오빠가 하는 훈련법이 특이해. 오빠는 너도 알다시피 혼자서 독학을 했어. 그러면서 혼자만의 공부법을 만들어 냈지."

"그거야 강사들이라면 다 나름대로의 공부법이 있는 거 아냐?"

"그야 그렇지. 그런데 대학에서는 체육을 전공했던 사람이 인정받는 영어강사가 되었다는 이야기에서 뭔가 느끼는 게 없어?"

"무슨 말이야?"

"오빠도 너랑 비슷한 수준에서 공부를 시작했다는 거야. 아니 어떻게 보면 더 안 좋은 실력이었겠지. 너나 나나 그래도 취업 준비할 때, 그리고 회사에서 업무를 볼 때 영어를 사용하기도 하지만 오빠는 그런 게 없었어. 한마디로 사막에서 혼자 오아시스를 찾아가는 격이었지."

홍 대리도 박 코치가 혼자서 독학하며 지금의 위치까지 온 것에 대해선 인정했다.

"아무튼 이제 어떻게 하지?"

"왜 그렇게 부담만 느껴? 고민만 하지 말고 적혀 있는 대로 해. 우선 팝송을 듣는 게 있고, 브라이언 트레이시랑 만나라고 하잖아. 호호."

"팝송? 나 평소에 팝송은 잘 안 듣잖아. MP3 플레이어에도

가요만 있지. 뭘 들어야 할지…….”

"내가 골라줄까? 사실 나도 영어공부를 시작할 때 오빠한테 팝송이야기를 듣고 추천받은 게 있어."

"그래? 그럼 네가 좀 도와주라. 내가 이쪽으로는 젬병이잖니. 근데 넌 무슨 노래를 들었어?"

"그게 참 특이했어. 오빠가 권해준 노래는 당시 유행했던 팝송이 아냐. 팝송을 단지 귀가 뚫릴 수 있게 하려고 듣는다고 하는데 그것만이 아니래. 존 바에즈나 밥 딜런 같은 가수의 노래를 들으면 한 편의 시 같다는 거야. 멜로디도 귀에 감기지만 가사가 예술이란 거지."

"존 바에즈? 모르겠다. 아무튼 네가 곡 좀 골라줘."

황금빛은 흔쾌히 도와주겠다고 말했다. 홍 대리는 고마웠다. 한두 번 실망시킨 것이 아닌데도 늘 믿어주고 도와주는 황금빛이었다.

"참, 나 내일 고등학교 동창 돌잔치에 가야 하는데 어쩌지?"

"그래? 근데 아까 오빠가 한 말 기억나지?"

"응, 어쩌냐. 근데 그건 좀 너무하지 않아? 경조사에도 가지 않고 반 년만 시간을 달라고 친구들한테 부탁한다는 게 좀 그렇잖아. 이거 사회생활 하지 말라는 말이랑 같아서 좀 찝찝하네."

"누가 완전히 연을 끊으래? 그만큼 각오를 하라는 뜻이지.

그리고 결혼식 같은 경조사에 가더라도 쓸데없이 자리에 죽치고 앉아서 시간을 낭비하지 말고 잠깐 보고 밥만 먹고 오라는 거야."

"휴, 그러다가 친구들 다 떨어져 나가는 것 아냐?"

"걱정 마. 대학동창들이야 나도 아니까 내가 설명해주면 되고, 그밖에 친구들은 네가 잘 이야기해. 오히려 그렇게 네가 뭔가를 한다고 광고하는 게 좋을 걸?"

"광고하는 게 좋다는 게 무슨 말이야?"

"네가 네 입으로 6개월 동안 영어에만 매달리겠다고 큰소리쳤는데 잘 안 되면 그게 더 창피하지 않겠어?"

"하긴, 동네방네 소문 다 냈으니 부끄러워서라도 더 하겠지. 근데 너무 영어공부 한답시고 이것저것 챙기지 못해서 인연 끊자면 어떡하지?"

"그럼 끊어."

"뭐? 넌 친구 인연을 끊으라는 말이 그렇게 쉽게 나오냐?"

"그런 친구라면 필요 없는 거야. 정말 우정을 생각한다면 그 정도는 오히려 배려해줘야 하는 거 아냐?"

홍 대리는 새삼 황금빛의 맺고 끊는 성격에 놀랐다. 평소엔 상냥하기 그지없었던 터라 가끔씩 이런 모습을 보이면 약간 긴장이 되기도 했다.

"잘 생각해. 이것저것 조금씩 틈을 보이면 결국 다 무너지게 돼있어. 그러니 처음부터 원칙을 갖고 하라구."

"알았어. 근데 오늘부터 당장 해야겠지?"

"그럼, 당연하지. 너 오늘 술도 적당히 마셨잖아. 당장 오늘 밤부터 오디오를 조그맣게 틀어놓고 자."

"오디오? 쩝, 오늘은 좀 더 마시면 안 될까? 어차피 이제 술도 많이 못 마시잖아. 그리고 나 잘 때 오디오 틀어놓으면 잠 못 드는데."

"또 그런다. 됐네요. 오디오는 타이머 맞추고 자. 그래야 잠이 들어도 되지. 술은 적당히 마시면 돼. 참, 이어폰 하지 말고. 이어폰 하고 자면 아침에 귀가 아파서 고생할 거야. 어찌 됐든 하루 4시간, 아니 5시간을 투자하면 200일이잖아? 그럼 6~7개월이면 돼. 게다가 주말에 몰아서 한다면 6개월 안에 끝낼 수 있을 거야. 파이팅!"

미션1. 브라이언 트레이시를 만나라!

홍 대리는 음악소리에 깼다. 아직 밖은 새벽의 여명이 걷히지 않았는지 어둑어둑했다. 시계를 보니 6시가 다 되어 가고 있었고, 음악소리는 오디오에서 나는 것이었다. 어젯밤에 들어와 황금빛이 말한 대로 오디오를 켰는데 그만 타이머를 맞추지 않고 잠이 든 것이다.

홍 대리는 침대에서 일어나 오디오를 껐다. 창문의 커튼을 열고 한껏 기지개를 켠 뒤 밖을 바라보았다.

'조깅하는 사람들이 있네. 이 시간은 너무 이른 거 아닌가?'

주말이라서 출근준비도 할 필요가 없다는 생각에 다시 침대에 누웠지만 눈만 멀뚱멀뚱할 뿐 잠이 오지 않았다. 홍 대리는 다시 오디오를 켰다. 어젯밤에 황금빛이 집으로 가기 전 사준 팝송 CD였다.

홍 대리는 운동복으로 갈아입었다. 그리고 팝송을 옮겨 둔 MP3 플레이어를 챙겨 들었다.

"그래, 뛰자. 가볍게 조깅을 하면서 팝송을 듣는 거야."

이른 아침의 공기는 차가웠지만 모처럼 맛보는 상쾌함에 홍 대리는 콧노래를 흥얼거렸다.

"어제 그렇게 늦게 들어오고, 게다가 술까지 마셨는데도 멀쩡하네. 공기가 좋아서 그런가?"

주말 이른 아침이라 그런지 도로에 차도 별로 없었다. 그동안 일찍 일어나려고 했지만 매번 피곤하다는 이유로 늦잠을 잤었다. 그러나 오늘은 달랐다. 결국 의지의 문제였단 생각이 퍼뜩 들었다.

홍 대리는 일단 출발이 좋다는 느낌이 들었다. 오디오를 틀어놓고 잠이 들 때까지만 해도 한숨만 내쉬던 그였다. 그러나 이른 아침에 듣는 팝송은 신선하기까지 했다.

집으로 돌아와서 아침을 먹은 홍 대리는 박 코치에게 받은 1,000시간 영어 훈련법을 저장해놓으려 워드 프로그램을 열었다. 그런데 메일 프로그램에서 알림 메시지가 떴다. 박 코치가 보낸 메일이었다.

'뭐야? 번역 숙제부터 내는 거야?'

메일의 첫머리는 영어로 된 문장이었다. 그 아래에 한글로 된 박 코치의 메시지가 있었다.

받은 편지함

| 답장 | 전체답장 | 전달 | X삭제 | 스팸신고 |

제 목　Your Success
받는이　홍대리
보낸이　박코치

> Successful people tend to become more successful
> because they are always thinking about their successes.
> – Brian Tracy

'선택과 집중'을 하기 위한 결심은 지금 당장!
내가 준 1,000시간 영어 훈련법의 첫 관문이자 미션을 잘 수행하기를!

1. 내공 쌓기 Ⅰ, 브라이언 트레이시를 만나라!
- 총 50시간(하루 4~5시간/12일) → +50

아마도 브라이언 트레이시의 이름은 들어봤을 거야. 성공학의 대가지. 앞에 말한 것처럼 성공이란 꿈만 꾼다고 될 일이 아니지. 그러나 그것을 경험한 사람들이야말로 계속 성공을 할 수 있는 거야. 첨부파일을 보면 그의 연설이 담겨져 있는 MP3 파일이 있으니 다운 받아서 당분간 하루에 5시간 정도 들으며 중요한 문장은 외워. 12일 정도 외우면 총 50시간이야.
첫 관문인 만큼 열심히 하길!
참, 이젠 말하지 않아도 알겠지만 처음부터 듣는 게 어렵고 귀찮다고 해서 무조건 스크립트만 보면 소용이 없어. 스크립트를 보면서 어떤 발음인지 정확하게 확인하면서 들어야 제대로 들릴 거야.

드디어 시작이다. 홍 대리는 심장박동이 빨라지는 것을 느꼈다. 혼자 워밍업 한답시고 이어폰을 꽂았을 때보다 확실히 다른 기분이었다. 미션이나 관문이란 단어를 보자 부담도 생겼다. 홍 대리는 파일을 다운로드 받아서 MP3로 옮겼다.

"그래, 금빛이 준 파일도 듣고, 형님이 주신 파일도 들어보자구!"

이른 아침의 상쾌한 산책 덕분인지 홍 대리는 부담을 이내 떨쳐버렸다. 그리고 의욕이 가득 찬 표정이 되었다.

홍 대리는 대충 아침 끼니를 때운 후 컴퓨터를 켰다. 그동안 브라이언 트레이시에 대해 이름만 알고 있었을 뿐, 제대로 그의 책도 읽어본 적이 없었다.

"뭐야? 한 시간 강연에 8억을 받는다구? 이 양반 대단하네."

성공학의 대가인 브라이언 트레이시에 대해 검색하다가 찾은 그의 강연료는 홍 대리가 상상할 수 없는 거액이었다.

"이런 사람들이 계속 성공하는 거겠지? '성공한 사람이 더욱 성공하는 경향이 있다. 왜냐하면 항상 성공을 생각하기 때문이다'는 저 문구처럼 말이야."

홍 대리는 시간이 얼추 한 시간 정도 지난 것 같아 오디오를 껐다. 역시 예상대로 한 번에 알아듣기엔 무리였다. 그러나 시나리오를 외울 때처럼 조급하지는 않았다. 어차피 1,000시간 공부를 하는데 있어 첫 걸음을 뗀 것이라는 생각이 들었기 때문이다.

"아이구 뒷골이야. 도통 뭔 소리인지 모르겠네. 스크립트가 없으니 무슨 말인지, 어떤 단어를 말하는지 알 수가 없잖아."

홍 대리는 연설의 스크립트를 구해야겠다는 생각이 들었다. 인터넷을 뒤지던 홍 대리는 브라이언 트레이시의 강연 전문이 담겨져 있는 스크립트를 구했다. 한 부가 아니라 여러 부를 인쇄한 홍 대리는 책상과 가방, 그리고 화장실에까지 연설문을 갖다 놓았다.

"하루 네 시간씩 해서 12일이면 대충 50시간이니 틈나는 대로 봐야겠군."

스크립트의 내용을 보며 홍 대리는 영어공부보다 더 흥미로운 것을 발견했다. 그동안 업무에만 매달려 고민하지 못했던 내용들이 연설문에 담겨져 있었다.

"성공을 하기 위해서는 목표를 분명히 하라는 거지? 그리고 그 목표를 달성하려면 구체적으로 꿈꾸고, 또 실천할 수 있는 방법을 찾아라……. 형님이 한 말과 같네. 그럼 나의 목표는 뭐지? 영어공부해서 실사 나온 미국 측 바이어와 프리토킹하는 거? 그건 당장의 과제지, 목표라고 하기엔 좀 그렇네."

홍 대리는 갑자기 허무함이 느껴졌다. 그동안 목표랄 게 없는 생활을 했다는 생각이 들었다. 기껏 생각해봤자 대학입시, 취업 등 누구나 다 겪는 인생의 단계만 있었을 뿐이었다. 홍 대리는 갑자기 담배가 피고 싶어졌다. 무심코 주머니를 뒤졌지만 담배는 없었다.

"어제 산 담배가 어디 있더라? 다 폈었나? 가만, 아!"

홍 대리는 어젯밤에 담배를 끊겠다고 약속을 하며 담뱃갑을 아예 버렸던 게 생각났다. '뭔가 고민이 되거나 아쉬울 때 담배가 간절한 법인데…….' 하며 입맛만 다시던 홍 대리는 대신 물 한 잔을 마셨다. 물을 마시고 방으로 들어오니 휴대폰에 문자가 들어와 있었다.

 일어났어? 그럼 전화 줘^^

황금빛의 문자였다. 홍 대리는 황금빛에게 전화를 걸었다.

"응, 나야. 일어났지? 새벽에 일어나서 운동도 했는걸."

홍 대리는 황금빛에게 은근히 자랑했다.

"정말? 웬일이야. 평소엔 주말이면 밀린 잠을 잔다고 나랑 놀러도 안 가던 사람이."

"그러게. 사실 오디오를 켜놓고 자는 바람에 새벽에 음악소리 때문에 깼어."

"그랬구나. 그럼 지금은 뭐해?"

"어, 형님이 메일을 보내셨더라구. 브라이언 트레이시의 연설문 말이야. 그런데 도통 무슨 소리인지 못 알아먹어서 스크립트를 구했어."

홍 대리는 출력해둔 스크립트를 들춰보며 대답했다.

"그래? 나도 그 연설문으로 공부를 시작했어. 근데 오늘 하루 종일 뭐할 거야? 설마 종일 영어만 붙잡고 있지는 않을 테고."

"어제 말한 것처럼 저녁엔 친구네 돌잔치에 가야지. 아무리 생각해도 안 갈 수는 없잖아."

"음. 그래. 대신 오늘은 주말이니 미리 공부를 해놓고 가. 그리고 술 마시지 말고 식사만 간단히 하고. 알겠지?"

황금빛은 누나가 동생을 챙기듯 자상하게 잔소리를 했다.

"알았어. 넌 뭐해?"

홍 대리는 순순히 대답했다.

"같이 공부하려고 했는데 너 저녁에 약속 있다고 하니 그냥 혼자 하지 뭐. 아니다. 너 들어야 할 팝송이나 골라놔야겠다. 어제 사준 CD 한 장으론 지겨울 수 있을 테니."

"미안, 그럼 갔다 와서 연락할게."

통화를 마친 홍 대리는 돌잔치에 가기 전까지 좀 더 연설문을 듣기로 했다. 스크립트를 보며 주의해야 할 발음도 메모했다. 그리고 쉴 때는 팝송을 들으며 여유를 즐겼다. 음악을 들으며 홍 대리는 좀 전에 봤던 브라이언 트레이시 관련 글대로 자신의 목표에 대해 생각했다. 홍 대리는 종이를 꺼내 자신의 목표에 대해 적었다.

"목표라, 일단 생각나는 대로 적어볼까? 우선은 영어완전정복! 그리고……. 하, 홍대강! 너 도대체 뭣 때문에 살아가는 거야! 이렇게 생각나는 게 없나?"

홍 대리는 다시 자괴감에 빠졌다. 그러나 지금이라도 늦지 않았다는 생각이 들었다.

"쩝, 영어도 나랑 별 상관없는 것이라고 여겼는데 이렇게 시작하잖아. 그래, 홍대강! 기죽지 말자."

혼자 결의를 다지고 인터넷으로 브라이언 트레이시의 책도 한 권 주문했다. 처음부터 다시 영어공부를 시작한다는 것은 인생의 목표를 새롭게 잡는 것과 같은 의미란 생각이 들었다.

어느덧 열흘이 지났다. 홍 대리는 출근을 하면서 날짜를 확인했다. 오늘은 박 코치에게 테스트를 받으러 가는 날이었다. 그동안 황금빛의 도움을 받아 연설문의 내용과 중요한 문장은 웬만큼 외웠기 때문에 그다지 긴장은 되지 않았다. 완벽한 발음을 내려면 아직 멀었지만 그나마 연설문을 제대로 공부했다는 것만으로도 자신감이 생겼다.

홍 대리는 회사 근처 지하철에서 내려 역 밖으로 나오는데 계단을 두어 개씩 건너뛰며 올라왔다. 지각은 걱정하지 않아도 될 정도로 시간은 충분했다. 그러나 주말 동안 아침저녁으로 운동과 산책을 하고, 또 불안했던 영어에 어느 정도의 자신감이 붙은 것이 그의 몸과 마음을 가볍게 해주었다.

"어, 지금 나오는 거야? 빨리 출근했네."

사무실 빌딩으로 들어서는데 황금빛이 엘리베이터를 기다리고 서있었다.

"응, 너도 빨리 왔네."

"이그, 난 원래 이 시간에 오잖아."

"참, 그렇지. 하하."

"주말에 놀러가자고 해도 꼼짝 않고 공부한다더니 많이 했어?"

황금빛은 뾰로통하게 눈을 흘겼지만 얼굴에는 웃음이 번졌다. 사무실에 함께 들어선 두 사람은 각자의 자리에 앉아 업무 준비에 분주했다.

"좋은 아침!"

자리에 앉아 업무준비를 하던 홍 대리는 모닝인사에 고개를 들어보니 왕고수 팀장이었다.

"여, 홍 대리. 너 오늘도 도시락이냐?"

"아뇨. 오늘 회식이라면서요."

"아, 그렇지. 그럼 오늘은 점심 같이 먹겠네."

홍 대리는 왕고수 팀장과 눈빛을 교환하며 함께 웃었다.

공부를 시작하고 첫 출근일 때 홍 대리는 간단한 도시락을 가지고 왔었다. 그런데 혼자서 도시락을 먹는 날이 계속 되자 왕고수 팀장이 이유를 물었다. 홍 대리는 팀장에게 지금 하고 있는 1,000시간 영어 훈련법에 대해서 이야기했다.

"그래? 너 정말 이번 기회에 제대로 공부하려고 하나 보네. 그래 잘 생각했다. 사실 너한테 미국 쪽 파트너를 시킬 때만 하더라도 불안했는데, 이젠 걱정 좀 덜어도 되겠다. 근데 너무 그렇게 혼자 점심 먹으면 안 돼. 가끔은 직원들이랑 함께 먹어. 같이 도시락을 가지고 와서 먹든지 아니면 공부에 방해되지 않도록 일주일에 한두 번은 팀원들이랑 먹으란 말이야."

왕고수 팀장은 자상하게 홍 대리를 챙겼다.

"넵! 잘 조절해서 그렇게 하겠습니다. 하하."

"그래. 참, 회식은 당분간 어렵다고 했지? 하지만 조직생활 하면서 회식을 하지 않을 수도 없고. 음, 좋아. 네가 열심히 공부하는 동안 내가 팍팍 밀어주지. 당분간 회식은 점심식사로 하지 뭐."

"고맙습니다! 팀장님."

그 뒤부터 왕고수 팀장은 알게 모르게 홍 대리를 배려해줬다. 가끔 업무시간에 잠시 쉬면서 연설문을 듣고 있는 것을 봐도 엄지손가락을 치켜세우며 격려를 해주었다.

대학강의실 주변은 사람들로 붐볐다. 퇴근한 홍 대리는 박 코치를 만나러 어느 대학의 강의실까지 오게 되었다. 박 코치는 특강이 잡혀 있다고 했다. 강의실에서는 계속 웃음소리와 박수소리가 나왔다. 그리고 박 코치 특유의 말투가 마이크 소리를 통해 강의실 밖에까지 들렸다. 분위기를 보아하니 특강은 마무리되는 것 같았다.

"왔어? 그래, 잠시만 기다려."

박 코치는 특강을 마치고 난 뒤에 몇몇 학생들에게 둘러싸여 질문을 받고 있었다. 대충 정리가 되자 박 코치는 홍 대리와 함께 로비로 갔다.

"자, 마셔. 대학교 구내 자판기 커피맛이 제법이야."

"예. 고맙습니다."

"그동안 열심히 했어? 브라이언 트레이시를 만난 기분이 어때?"

"예? 아, 나름대로 하루 네다섯 시간씩 공부를 했습니다. 자기 전에 두 시간씩은 꼬박 했구요. 나머지는 자투리 시간을 활용하니 되더라구요. 그런데 제가 브라이언 트레이시를 만나다니요?"

"하하! 그의 연설문을 읽은 것이 그를 만난 거나 진배없잖아?"

"그러네요. 그렇지 않아도 연설문을 듣고 또 보면서 많은 생각을 했습니다. 그래서 책도 한 권 샀구요."

"그랬어? 잘했네. 근데 하루 네다섯 시간씩 공부하기도 힘들었을 텐데 책까지 보다니 대단해."

박 코치는 홍 대리의 말을 들으며 고개를 끄덕였다.

"자투리 시간의 힘이죠, 뭐. 연설문이나 책을 보면서 저도 제 인생의 성공, 목표, 실천방법에 대해 많은 생각을 하게 됐습니다."

"다행이군. 그럼 어디 한 번 공부한 걸 확인해볼까?"

박 코치는 연설문의 주제가 무엇인지 먼저 물었다. 그리곤 특정 문장을 짚어서 한 번 읽어보라고 했다. 홍 대리는 헛기침을 몇 번 하더니 문장을 읽기 시작했다. 몇 번 더듬거렸지만 무난하게 읽은 홍 대리는 긴장하며 박 코치의 반응을 기다렸다.

"공부를 하긴 제대로 했나보네. 수고했어. 그런데 여전히 발음은 약간 어색해. 지난번 시나리오 외울 때처럼 하기는 힘들었나보군. 하긴 시간이 빠듯했으니 어쩔 수 없지. 그렇지만 여기서 멈춰선 안 된다는 거 알지? 지난번에 말한 거 기억나나?"

"흉내를 내란 말씀······?"

"그래. 발음은 많이 흉내 낼수록 좋은 거야. 어쭙잖게 혀 굴린다는 게 부끄럽다는 생각은 잊어버려. 어차피 우리말이 아니야. 그들의 말을 배우려면 그들의 발음을 흉내 내는 건 당연해. 그러니 이제는 외우는 것에서 발음을 흉내 내는 것까지 함께 할 수 있도록 해. 암튼 수고했어."

"수고는 뭘요. 제가 해야 되는 건데요."

"참, 미션을 통과했다고 오늘부로 브라이언 트레이시와 굿바이를 하라는 건 아냐. 오늘 이후부터는 새로운 미션을 해야겠지만 틈틈이 자투리 시간마다 브라이언 트레이시의 연설문은 주기적으로 듣도록 해."

박 코치는 홍 대리의 어깨를 두드리며 격려했다. 홍 대리는 첫 미션을 통과했다는 생각에 안도의 한숨을 내쉬었다.

미션2. 스티브 잡스와 친해져라!

집으로 돌아온 홍 대리는 메일부터 확인했다. 두 번째 미션과 관련해서 박 코치가 메일을 보내기로 했기 때문이다.

박 코치의 메일이었다.

이번에도 영어로 된 메시지가 첫머리에 떴다.

"Stay Hungry, Stay Foolish라……."

받은 편지함

| 답장 | 전체답장 | 전달 | X삭제 | 스팸신고 |

제 목   Stay Hungry, Stay Foolish
받는이   홍대리
보낸이   박코치

Stay Hungry, Stay Foolish
- Steve Jobs

첫 관문, 첫 미션은 잘 통과했어. 그리고 무엇보다 내가 브라이언 트레이시의 연설문을 추천한 이유를 알았다니 기쁘군.

2. 내공 쌓기 Ⅱ, 스티브 잡스와 친해져라!
- 총 20시간 (하루 4~5시간/5일) → +70

브라이언 트레이시에 이어 이번엔 스티브 잡스의 연설문이야. 이 사람 역시 특별한 인생역정을 거친 사람이지.
워낙 긴 연설문이니 전부 외운다는 생각보다는 쉐도우 리딩*을 완벽하게 하는 수준으로 연습하도록.
참, 스크립트는 수영을 처음 배울 때 사용하는 키판과 같아. 많은 도움을 주지만 키판에만 의지하면 그만큼 수영을 배우는 게 더딜 수밖에 없지. 가능한 스크립트를 보지 말고 한 문장을 듣고, 그 문장을 완전히 익힐 때까지만 봐. 한마디로 스크립트는 연극의 대본과도 같아. 실제 무대에서 누가 대본을 보고 연기를 하겠어?

---

* 쉐도우 리딩 : 여러 문장으로 이루어진 내용을 한 덩어리씩 한 박자 늦게 그림자처럼 쫓아가면서 읽는 방식

홍 대리는 인터넷 검색을 시작했다. 스티브 잡스가 2005년에 스탠포드대학의 졸업식에서 했던 연설이었다. 홍 대리 역시 애플에 대한 관심도 높고, 또 PT의 귀재인 스티브 잡스였기에 들어본 적이 있는 문구였다.

홍 대리는 파일을 듣기 전에 'Stay Hungry, Stay Foolish'

의 의미를 떠올렸다. 그동안 과연 얼마나 배고파하고, 또 배우려했는지……. 이제야 그걸 하고 있다는 생각이 들었다. 이번엔 하루 네 시간씩, 5일 동안 수행해야 했다. 홍 대리는 박 코치가 일러주는 대로 스크립트를 찾아 한 문장씩 들으며 따라 하기 시작했다.

"홍 대리님! 지금 뭐하세요? 이제 영어로 연극까지 하시는 거예요? 우왕! 킹왕짱이다. 영어연극 동아리에라도 가입하셨나 봐요."

홍 대리는 순간 놀라 귀에서 이어폰을 뺐다. 서둘러 점심 도시락을 먹고는 스티브 잡스의 연설문을 따라하고 있었는데 그 모습을 고만해가 보고 호들갑을 떨었다.

"어, 뭐야? 너 왜 여기 있어? 점심 먹으러 안 나갔어?"

"오늘 입맛이 없어서 그냥 대충 샌드위치로 때웠거든요. 근데 영어연극 하세요? 표정과 억양이 예술인데요. 게다가 손동작까지. 캬!"

홍 대리는 부끄러웠다. 듣고 곧바로 따라서 말하는 쉐도우 리딩을 하다보니 저도 모르게 스티브 잡스의 억양과 행동을 흉내 내고 있었던 것이다. 사실 스티브 잡스의 연설문을 가지고 공부한 지 3일이 되자 어느 정도 연설문 내용을 이해하고 듣고 따라 읽을 수가 있었다. 그래서 미리 황금빛에게 한 번 들어달라고 부탁을 했었다.

"음, 다 좋은데 2퍼센트가 부족해. 감정까지 넣어서 따라 해 봐. 그럼 훨씬 더 외우기도 쉽고, 또 발음도 빨리 배울 수가 있을 거야."

그 후로 이틀 동안 홍 대리는 연설의 동영상을 보며 감정까지 따라 했던 것이다. 그리고 박 코치에게 테스트를 받기 전에 최종 연습을 하는데 고만해가 나타난 것이었다.

"영어연극은 무슨……. 내가 늘 말하지? 고만해 씨, 제발 고만해요. 응?"

"대리님도 참. 제가 뭐 어쨌다고 그러세요. 그런데 정말 영어 잘 하시네요. 어떻게 그렇게 막힘없이 술술 할 수 있어요? 게다가 그 표정 연기까지! 조만간 할리우드로 가시는 거 아니에요?"

고만해는 조금 전에 본 홍 대리의 표정을 흉내 냈다.

"또 쓸데없는 소리 한다. 됐으니까 이제 그만 가보세요. 네?"

"아, 나도 영어공부해야 하는데. 왕 팀장님이 저보고 대리님 부사수니 나중에 미국 쪽 사람이 오면 같이 일을 거들라고 말씀하셨거든요. 쩝, 대리님이 이렇게 네이티브 수준인데 제가 따로 할 필요가 있겠어요? 헤헤."

홍 대리는 속으로 웃었다.

'너도 나처럼 크게 망신 한 번 당해봐라. 그런 소리가 나오나. 나도 팀장님만 믿다가 혼자 계약하고 프레젠테이션 한다면서 얼마나 마음 고생했는데. 으이구, 이 친구야.'

바람이 차가운 밤이었다. 홍 대리는 초겨울의 한기를 느끼며 박 코치가 있는 곳으로 향했다. 주말이라 그런지 시내 곳곳은 연인들로 붐볐다.

종종걸음으로 거리를 걸어가던 홍 대리는 박 코치와 만나기로 한 카페에 들어섰다. 박 코치는 황금빛과 함께 있었다.

"형님, 안녕하세요. 어, 너는 여기 웬일이야?"

"왜? 내가 못 올 데 왔냐? 호호."

황금빛은 살짝 눈을 흘기며 옆자리를 비워줬다.

"오늘 우연히 통화를 했는데 너를 만난다고 하니 저도 나오겠다고 하더군. 그래서 나오라고 했어."

"아, 예. 근데 넌 미리 연락이나 주지."

홍 대리는 머리를 긁적이며 멋쩍게 웃었다.

"자, 어디 스티브 잡스랑은 얼마나 친해졌는지 어디 한 번 볼까? 이번엔 이렇게 하지. 스크립트를 꺼내서 한 부분만 연설문처럼 읽어봐."

"예. 근데 여기서 해야 하나요?"

"무슨 문제가 있어? 이걸 하는데 어디 정해진 장소가 있는 게 아니잖아."

"그건 그렇지만……. 알겠습니다."

홍 대리는 카페 안의 사람들이 신경 쓰였다.

"참, 너 연설문 읽을 때 감정을 넣어서 그대로 흉내까지 내야 하는 거 알지?"

황금빛은 가뜩이나 주위사람들을 의식하는 홍 대리에게 더한 요구까지 하고 나섰다. 난감해진 홍 대리는 크게 심호흡을 하고 주위를 둘러보았다. 다른 테이블의 사람들은 저마다 이야기를 나누느라 아무도 이쪽을 보지 않는다는 것을 확인한 홍 대리는 연설문의 한 부분을 읽기 시작했다.

"이봐, 지금 무슨 소리를 내고 있는지 하나도 못 알아듣겠어. 왜 그렇게 모기소리로 말하는 거야? 좀 크게 해봐. 정말 연설을 하듯이 말이야."

홍 대리는 다시 헛기침을 몇 번하고 눈을 질끈 감았다.

'그래, 내가 스티브 잡스야. 지금 내가 있는 곳은 스탠포드 대학의 졸업식장이란 말이야.'

홍 대리는 호흡을 가다듬고 연설을 하기 시작했다. 동영상을 떠올리며 행동 하나하나를 따라했다. 원래의 연설대로 강약을 조절하며 점점 목소리를 키웠다. 어느덧 연설은 막바지에 이르

렀고 마치 피날레를 앞둔 배우처럼 붉게 상기된 얼굴이 되었다.

연설이 끝나자 갑자기 여기저기서 박수가 나오고 주위가 웅성대기 시작했다. 홍 대리는 깜짝 놀라 주위를 돌아보곤 고개를 숙였다.

"어머, 왜 그래. 잘했어. 오빠 어때요?"

"음, 나도 박수를 쳐주고 싶지만 조금 아쉬운 점이 있어."

순간 홍 대리는 고개를 들었다. 연설하는 도중 약간 머뭇거렸던 대목이 마음에 걸렸다.

"혹시 연설문 중에 모르는 단어가 얼마나 되었지?"

"모르는 단어요? 몇 개 있었지만 전체적으로 쉽게 되어 있어서 외울 수는 있었는데요."

"그렇지. 원래 연설문이란 게 발음이 좋고, 또 문장이 좋아서 외우기에 딱 좋아. 그런데 모르는 단어가 나오면 어떻게 했지?"

"따로 단어를 정리해서 외웠습니다. 발음을 듣고 따라했죠."

"그게 문제였던 거야. 모르는 단어가 나오면 먼저 영영사전을 찾아봐야 해. 그리고 대충 의미까지 알게 되면 그 단어를 문장과 함께 외우는 거야. 그래야 자연스럽게 외워지는 법이거든. 그렇지 않고 따로 단어만 외우려 하면 오히려 역효과가 나지. 너무 의식하게 돼서 문장이랑 쉽게 어울리지 못하게 되거든."

"그래서 제가 가끔 매끄럽지 못하게 됐군요."

박 코치는 싱긋 웃었다.

"어쨌든 잘했어. 그 정도면 충분해. 누누이 말하지만 짧은 시간에 그렇게 한다는 게 쉽지는 않았을 거야. 그건 직접 경험해 본 네가 더 잘 알겠지."

홍 대리는 대답 대신 머리를 긁적거렸다.

"자, 두 번째 관문도 통과했으니 이제 세 번째 미션을 수행해야지? 세 번째 미션까지가 사실 본격적인 영어를 공부하기 위한, 아니 나 박 코치의 영어 훈련법을 위한 전초전이라 생각하면 돼."

"전초전요?"

"하하. 그렇지. 일단 오늘은 이쯤에서 정리하자. 난 약속이 있어 가봐야 하거든. 미션은 메일로 보내줄 테니 나중에 확인하고."

세 사람은 자리에서 일어났다. 황금빛은 오빠가 약속장소로 가자 조심스럽게 홍 대리의 팔짱을 꼈다.

"너 정말 잘하고 있어. 솔직히 처음엔 정말 걱정했거든. 언제까지 잘할 수 있을까 하고 말이야. 그런데 지금까지 군소리 없이 하는 걸 보니 마음이 놓이네. 거 봐. 진작에 이렇게 하자고 했을 때 할 걸 그랬잖아."

홍 대리는 말없이 웃기만 했다. 두 사람은 다른 연인들처럼 서로 팔짱을 낀 채 짧지만 포근한 초겨울의 여유를 맛보았다.

미션3. 세 명의 고수를 만나라!

홍 대리는 약간 당황했다. 이번 미션은 처음 훈련법을 들을 때도 난감했던 것이었다.

"고수를 만나라니. 어떻게 만나지? 그리고 만나서 뭐를 하라는 거야?"

홍 대리는 메일을 다시 한 번 찬찬히 훑어봤다. 지금까지는 혼자서 묵묵히 미션을 수행하면 됐지만 이번 과제는 사람들을 만나라는 것이었다. 그것도 박 코치에게 훈련받았던 사람들이다. 배우는 입장에서 성공한 사람에게 배운다는 것은 좋은 것이지만 브라이언 트레이시와 스티브 잡스처럼 연설문만 보는 것과는 달랐다.

"이거 괜히 만나서 창피당하는 거 아닌지 몰라?"

생각하면 할수록 민망했다. 그런데 메일의 첫머리에 있는 문구가 눈에 들어왔다.

"Readers are not all leaders, but leaders are all readers! 배우는 자가 다 리더는 아니다, 그러나 리더는 모두 배우는 자다…… 뭐 이런 뜻인가?"

무슨 말인가 선뜻 이해가 되지 않았다. 홍 대리는 박 코치의 메시지를 계속 읽었다.

받은 편지함

답장　전체답장　전달　X삭제　스팸신고

제 목　**Who is a leader?**
받는이　홍대리
보낸이　박코치

Readers are not all leaders, but leaders are all readers!

지금까지 잘 따라왔어. 그런데 아마도 이 메시지를 보면 조금 의아할 수도 있을 거야. 처음 1,000시간 영어 훈련법을 이야기할 때도 이 부분에서 난감해 했었지?

3. 세 명의 고수를 만나라!
- 총 10시간(하루 4시간/3일) →+80

리더는 아무나 되는 게 아냐. 많이 공부하고 배웠다고 해서 리더가 될 수 있는 건 아니지. 그러나 리더는 배움을 게을리 하지 않는 사

> 람이지.
> 이번 미션은 '박 코치 영어 훈련소'에서 영어를 공부했던 세 명의 고수를 만나는 거야. 그들을 만나면 뭔가 배울 수 있을 텐데, 단순히 뭔가를 외우거나 머리를 싸매고 책을 보는 것과는 분명 다를 거야.
> 그리고 세 명의 고수는 내가 누구를 만나라고 하는 것보다 네가 직접 정해서 만나는 게 낫겠지? 내가 운영하는 카페를 잘 활용해봐.
> 그럼, 이번에도 좋은 결과가 있기를!

"휴, 이제 좀 적응하나 싶었는데 사람들을 만나는 게 미션이라니. 근데 영어공부와 관련해서는 아무 말도 없잖아? 외우라는 것도 없고, 들으라는 것도 없네."

홍 대리는 의아했다. 불과 하루 전까지만 해도 귀에 못이 박히도록 듣고, 죽어라 외우는 미션이었다. 갑자기 그런 과제가 없으니 멍한 느낌마저 들었다. 홍 대리는 황금빛이 골라준 팝송을 틀었다.

"골치 아프네. 이러다가 아까운 시간이나 까먹는 거 아니야? 에라 모르겠다. 혼자라도 공부하자, 공부!"

홍 대리는 존 바에즈의 음악을 듣고 있었다. 황금빛은 멜로디도 좋지만 무엇보다 흔한 사랑 타령이 아니라 한 편의 시 같은 가사라며 그녀의 음악을 권했다. 가사를 읽어보니 정말 주옥같은 글귀로 가득 차있었다.

다음날 아침, 홍 대리는 이른 아침부터 산책 겸 공부를 위해 동네공원으로 나갔다. 30여분 정도 산책을 하면서 어젯밤에 박 코치의 카페에 들어가서 봤던 성공담을 떠올렸다. 그들 중 대부분은 원래 영어 실력이 우수했다기보다는 박 코치의 새로운 훈련법과 그들 나름의 실천의지로 그 과정을 견뎌낸 사람들이었다.

"그런데 그 중에서 누굴 만나야 되나? 무턱대고 찾아가긴 좀 그런데. 맞다! 금빛이도 거기 멤버지. 금빛이한테 부탁하는 수밖에 없네."

홍 대리는 집으로 들어와 아침을 먹고 황금빛에게 전화를 걸었다.

"고수와의 만남? 총 열 시간 동안 세 명을 만나라는 거지? 글쎄, 카페에 워낙 성공담이 많아서 누굴 추천해야 하나? 음, 알았어. 그럼 내가 세 명 정도 추려서 이야기해줄게 만나봐. 이따가 연락할게."

홍 대리는 황금빛에게 도움을 요청하고 팝송과 연설문을 반복해서 들으며 기다리기로 했다. 한 시간이 지나자 황금빛에게 연락이 왔다.

"너 지금 나올 수 있지?"

"지금?"

"그래. 3일 동안 미션을 수행해야 한다며. 마침 오늘이 주말이라 네가 만날 수 있는 고수가 있어. 같이 가자."

홍 대리는 급하게 외출준비를 마치고 밖으로 나섰다. 황금빛은 경복궁에서 보자고 했다. 약속장소로 가는 동안 홍 대리는 오랜만의 외출이라 그런지 설레는 마음이었다. 잠시 도심의 분위기에서 벗어나 여유로운 정취를 느낄 수 있을 것 같았다.

"여기서 무슨 고수를 만난다는 거야?"

홍 대리는 경복궁을 둘러보며 황금빛에게 물었다.

"호호. 못 만나면 오늘 여기서 데이트하면 되지."

"으이구. 내가 지금 그런 여유가 없다는 거 알면서 장난을 치네. 하긴 여기 나오니 좋긴 좋다."

홍 대리는 기지개를 켜며 한가롭게 주변을 둘러보았다. 삭막한 도심 속의 별천지 같은 곳이었다. 다만 간간이 담 너머로 들리는 자동차 소리가 이곳이 현실 속의 공간임을 알리는 신호음 같았다.

"너, 저기 할아버지 보이지?"

"응? 할아버지? 여기저기에 할아버지, 할머니가 계시는데 도대체 누구를 보라는 거야?"

홍 대리는 황금빛이 가리키는 쪽을 향해 두리번거렸다.

"잘 봐, 저기 외국인들 한 무리 앞에서 뭔가 설명하는 할아버지 말이야."

홍 대리는 황금빛이 손가락으로 가리키는 곳을 자세히 바라보았다. 그곳에 머리가 희끗한 한 노인이 환한 웃음을 머금고 열심히 외국인들에게 무언가를 설명하고 있었다.

"하하하."

노인의 말 한마디에 외국인들은 박장대소하며 웃기도 하고, 때론 진지하게 고개를 끄덕이기도 했다.

"네가 오늘 만날 첫 번째 고수가 바로 저 분이야."

"저 할아버지가 영어의 고수라고?"

홍 대리는 의아하다는 듯 노인과 황금빛을 번갈아 쳐다보았다. 10여분 쯤 지났을 때, 노인은 황금빛을 보고 반갑게 인사를 하며 뛰어왔다.

"이런, 미안하네. 내가 좀 늦었지?"

"아, 아니에요. 저희가 좀 일찍 도착했어요."

황금빛은 노인을 반갑게 맞으며 홍 대리를 소개했다. 홍 대리는 자신이 노인을 찾아온 이유를 솔직하게 털어놓았다. 노인은 천천히 고궁을 거닐기 시작했고, 홍 대리와 황금빛도 그의 뒤를 따랐다.

"삶이란 이렇게 조금씩이라도 나아가야 하는 것이지. 그 어떤 이유에서든 멈춘다는 것은 뒤처진다는 것이고, 종국에는 죽은 것이나 다름없는 삶이 되거든. 난 나이가 예순이 넘도록 조그만 아파트의 수위생활을 했었어."

노인의 이야기가 이어졌다. 그의 음성은 편안했고 여유가 넘쳤다.

하루 일하고 하루 먹는 게 다였지만 그는 현실에 감사하며 살았다. 변변찮은 학력에, 나이마저 들고 보니 꿈을 꾼다는 것은 욕심으로 보였던 것이다. 쉬는 날이면 햇빛조차 들지 않는 작은 단칸방에서 텔레비전을 보는 것이 그의 유일한 낙이었다.

"하루는 다큐멘터리를 보는데 미국의 어느 관광지에서 나보다 더 나이가 많아 보이는 한 노인이 관광통역 안내원을 하는 장면이 나왔어. 그 노인은 은퇴를 한 후에 관광지에 오는 수많은 외국인들을 대상으로 관광안내를 한다더군. 그는 일본 관광객들을 상대하기 위해 늦깎이 공부를 시작해서 아주 자연스럽게 일본어까지 구사하더라구. 부럽기도 하고 한편으론 오기도 생기더라구."

자신보다 더 나이가 든 사람도 꿈을 꾸고 그것을 실현시키기 위해 노력한다는 사실이 그를 자극했다. 그러던 어느 날, 그가 근무하던 아파트가 재개발을 하기 위해 철거하게 되었고 그는 졸지에 실업자가 되고 말았다. 며칠을 고민하던 끝에 노인은 관광통역 안내원이 되겠다는 결심을 하고 사방팔방 묻고 다녔다. 하지만 현실은 그리 녹록지 않았다.

"모두들 그 늦은 나이에 뭘 하겠냐며 말렸지. 그도 그럴 것이 관광통역 안내원은 대학에도 전공학과가 있는데, 그 젊은 친구들과 경쟁을 해야 하니 말이지. 게다가 영어는 필수라는데 내가 뭘 알아야 말이지. 하지만 난 포기하지 않았어."

노인은 무작정 강남의 학원가를 찾아갔다. 그러나 수많은 학원 간판을 보고 어디로 들어가서 공부를 해야 할지 막막했다. 학원 앞으로 서성이던 노인은 한 무리의 수강생들이 나오는 것을 발견하고 그중 한 수강생에게 다가가서 부끄러움을 무릅쓰고 자신의 상황을 설명했다. 노인의 이야기를 들은 수강생은 빙그레 웃으며 박 코치를 소개해줬다.

"난 그 수강생의 말을 듣고 무작정 박 코치를 찾아갔어. 머뭇거리는 나를 보더니 박 코치는 'It's never too late.'라는 말을 하더군. 물론 난 그게 무슨 말인지 몰랐지. 박 코치는 그걸 종이에 써주며 그 문장의 뜻을 알아내면 또 만날 거라는 알 수 없는 말을 했지."

"난 메모에 적힌 글귀의 뜻이 '너무 늦은 것이란 없다!'는 것을 알게 되었지. 이후로 난 누구보다도 열정적인 박 코치의 훈런생이 되었어."

홍 대리는 이야기를 듣는 내내 얼굴이 홧홧했다. 박 코치를 믿고 따르면서도 문득문득 서른둘이라는 자신의 나이가 너무 늦은 게 아닌가라는 회의감이 밀려왔던 홍 대리였다. 그런데 노인의 이야기는 그동안 변명과 게으름으로 일관했던 자신을 채찍질했다.

어느덧 해가 뉘엿뉘엿 넘어가면서 붉은 노을이 드리워졌다. 노인과 헤어진 두 사람은 한적한 곳으로 자리를 옮겼다. 홍 대리는 고수를 만나면 영어실력을 향상시킬 특별한 비법을 전수받을 거라 기대했었다. 그런데 정작 만나보니 예상과는 달랐다. 그는 영어공부를 하게 된 계기와 훈련과정을 이야기할 뿐이었다.

"다른 고수들도 할아버지와 같은 분들이니?"

홍 대리가 다소 걱정스런 얼굴로 물었다. 황금빛은 별다른 대답대신 그저 직접 만나보라는 말만 했다.

3일이란 시간 동안 고수 세 명을 만난다는 게 쉬운 일은 아니었다. 두 번째로 만난 고수는 한국에서 간호사를 하다 뒤늦게 미국으로 건너간 40대 중반의 여자였다. 집안 행사 때문에 잠시 귀국한 그녀는 그동안 카페를 통해 친하게 지냈던 황금빛이 연락을 하자 흔쾌히 시간을 내주었다.

"안녕하세요. 전화로 말씀드린 홍대강이라고 합니다."

"아, 네. 반가워요."

그녀는 결혼 전 간호사로 근무하다 결혼과 함께 일을 그만두고 남편과 아이 뒷바라지에 전념했다. 십수 년 동안 집안일만 하던 그녀는 주부의 삶에 나름대로 만족하고 있었다. 그런데 IMF 외환위기가 터졌을 때 남편으로부터 청천벽력과 같은 소리를 듣게 되었다. 다니던 회사가 부도가 나서 졸지에 실업자가 된 것이었다. 이후 남편은 재기를 하기 위해 그간 모아둔 돈으로 작은 사업을 시작했다. 그러나 얼마 지나지 않아 같이 동업한 사람에게 돈만 떼인 채 길거리에 나앉는 신세가 되었다.

"그땐 정말 '이대로 죽어야 하나, 왜 우리에게 이런 시련만 생기는 걸까?' 하고 세상을 원망했죠. 하지만 의욕을 잃고 폐인처럼 바뀐 그이와 어려운 형편 때문에 힘들어 하는 아이들을 보고 있자니 마냥 포기하고 있을 수는 없었어요."

홍 대리는 안타까운 표정을 지었다. 그의 가족들도 IMF의 어려운 시기를 겪었지만 그녀의 가족만큼은 아니었다.

"남편도 뭔가 다시 해보자고 하더군요. 그런데 나라 전체가 힘든 시절이라 재취업도 힘들고, 막노동이라도 해야겠는데 자존심이 허락을 안 한다고 하더군요. 그러니 미국으로 가자는 거예요. 미국에 가면 자존심이고 뭐고 없이 무슨 일이든 하겠다며 말이죠."

그녀는 느닷없이 미국에 가자는 남편의 말에 당황했고 자신도 없었다. 하지만 가족의 미래가 걸린 일이라는 생각에 그녀도 할 일을 찾았다. 그래서 생각난 게 결혼 전에 했던 간호사 일이었다. 그런데 막상 미국 간호사 면허시험을 준비하려고 하니 영어가 큰 걸림돌이었다. 아이들을 키우면서 공부를 병행한다는 게 쉽지 않았던 것이다. 그때 박 코치를 만났다.

"박 코치님은 제가 지쳤다는 걸 알고 계셨어요. 제 말이나 표정에서 다 드러난 거죠. 별 다른 말을 나누지 않았는데 갑자기 종이에 뭐가 적어서 내밀더군요."

그녀가 건네받은 종이에는 "Act as if it were impossible to fail."이란 글귀가 적혀 있었다.

"이 말의 의미를 알아내면 저한테 다시 오세요. 아마 그때는 좀 더 이야기를 나눌 수가 있을 거예요."

그녀는 처음엔 박 코치의 말이 무슨 의미인지 몰랐다. 그저 다음에 찾아오란 말에 그냥 되돌아올 수밖에 없었다.

"민망했죠. 처음 만난 자리에서 다음에 다시 오라니……. 그런데 집으로 와서 종이의 글귀를 보고, '마치 실패가 불가능한 것처럼 행동하라.' 즉 '반드시 성공하겠다는 각오로 임하라.'는 뜻임을 알았을 때 머리에 뭐가로 얻어맞은 듯한 강한 충격이 오더군요."

박 코치는 그녀가 연이은 실패와 우환에 지쳐 자신감이 없다는 것을 꿰뚫어 본 것이었다. 결국 그녀는 가족과 자신이 살 길은 미국에서 간호사가 되는 방법 외엔 없다고 생각하자 뚜렷한 목표와 실천의지가 생기기 시작했다. 그때부터 죽기 살기로 영어공부에 매달렸다.

그렇게 1년 동안 박 코치 수업을 듣고 훈련한 끝에 미국 간호사 면허와 미국병원에서 원하는 영어점수를 얻을 수 있게 되었다. 그리고 지금은 샌프란시스코에 있는 산호세라는 곳의 St. Samaritan Hospital에서 일하고 있다고 했다. 남편은 미국에서 샌드위치 체인점을 내서 사업도 잘하고 있고, 아이들도 아이비리그의 대학에 다니고 있다면서 성공한 사람의 여유로운 웃음까지 지어 보였다.

홍 대리는 집으로 돌아오면서 자신의 목표와 실천의지에 대해서 곰곰이 생각했다. 정말 이루고 말겠다는 각오로 미션을 수행하는지, 아니면 마치 숙제검사를 받아야 하니 마지못해 하는지 따져보았다. 고수들을 만나는 동안 영어공부의 비법을 얻을 수 없어 조바심이 났던 자신이 한심스러워 보였다. 나이나 직업과 상관없이 그들은 박 코치의 영어 훈련법으로 도전을 했다. 그리고 그들은 하나 같이 영어 그 이상의 변화가 자신에게 일어났음을 고백했다.

월요일 오후 퇴근 무렵이 되자 홍 대리는 더욱 바빠졌다. 오늘은 마지막 고수를 만나는 날이었다.

"어때? 두 분 다 도움이 됐어?"

고수를 만나기로 한 마지막 날 황금빛은 약속장소로 향하며 이것저것 묻기 시작했다. 그러나 홍 대리는 시시덕거리며 말할 기분이 아니었다. 세 명의 고수 중에서 이미 두 명을 만나자 박 코치의 의도가 이해가 되었기 때문이다.

"음, 색다른 만남이었어. 자세한 이야기는 나중에 하자. 오늘 만날 사람은……."

"응, 오늘은 우리 카페에서도 유명한 가수 한 분을 만나는 날이야. 사실 세 번째 고수는 나도 누구로 할지 몰라 오빠한테 SOS를 쳤더니 이 분을 소개해주더라구."

세 번째 고수는 국악을 전공하고 가수로 활동 중인 여자였다. 녹화가 아직 끝나지 않아 잠시 그녀의 공연을 지켜보았다. 열정을 다하며 노래를 부르는 모습이 퍽 인상적이었다.

"박 코치님 소개로 오셨죠?"

녹화가 끝나자 그녀는 두 사람을 방송국 휴게실로 데려갔다. 셋은 간단히 인사를 나누고 자리에 앉았다.

"호호. 박 코치님이 저보고 영어공부를 시작하게 된 이야기를 편하게 하면 된다던데. 글쎄 솔직히 뭘 이야기해야 할지 잘 모르겠네요."

"그냥 편하게 이야기하시면 됩니다. 박 코치님을 만나게 된 사연을 이야기해주셔도 되구요."

"그럴까요? 제가 박 코치님을 만난 건······."

그녀는 어린 시절부터 국악을 세계에 알리고 싶다는 야무진 꿈이 있었다고 한다. 어느 날 학원가 앞을 지나다 어디선가 애절한 노랫소리가 들리기에 소리를 따라 들어간 곳이 박 코치의 강의실이었다. 박 코치가 노래를 통해 영어를 가르치는 모습을 보고 매료되어 대뜸 그에게 가르침을 달라고 했단다.

"지금 생각해보면 너무나 우스운 장면이었죠. 무슨 무협지처럼 무공을 가르쳐 달라는 것도 아니고, 호호. 그래서 저의 꿈을 이야기했죠. 근데 박 코치님이 강의실의 칠판에 뭐라고 적더라구요."

박 코치가 칠판에 적은 것은 'Learn to say before you sing.'이었다. 그녀는 그 글귀를 보고 한참을 생각했다.

"글귀를 보는 순간, 이게 무슨 뜻인가 싶었어요. '노래를 하기 전에 말하기부터 배우라.'는 쉬운 문장이었는데 갑자기 왜 이 말을 적었나 싶었죠. 내가 노래를 부른다고 하니 이러는 건가 싶기도 했죠."

박 코치는 의아해하는 그녀에게 이 문장의 중의적인 표현을 이야기해주었다. 영어로 노래를 제대로 하려면 말하기 기초부터 닦아야 한다는 평범한 원칙뿐만 아니라 뭐든지 정공법을 택하라는 것이었다.

"제가 노래를 부르는 사람이다 보니 영어노래를 기교로, 그러니까 발음 정도를 배우는 걸로 생각했다는 거죠. 사실 틀린 말은 아니었어요."

박 코치와 좀 더 깊은 이야기를 나눈 뒤 그녀는 자신의 꿈을 제대로 펼치기 위해 노력하기로 결심했다. 그래서 공부를 하다 보니 좀 더 잘하고 싶은 마음에 스터디 그룹의 트레이너까지 하게 되었다고 했다.

"영어는 누군가를 가르칠 때 가장 빨리 늘게 된다는 것을 알았죠. 제가 배우는 입장에서는 몰랐는데 트레이너가 되어 보니 영어로만 말을 해야 했어요. 그래서 사전에 영어문장을 준비하고 외우는 동안 자연스럽게 영어가 늘게 되었죠."

"그럼 지금은 어떤 꿈을 갖고 계세요?"

"얼마 전에 영화 미인도의 OST 앨범 중에서 엔딩 테마곡을 불렀죠. 전 여전히 국악가수예요. 제 꿈은 국악을 카네기홀에서 불러 세계에 국악의 아름다움을 알리겠다는 거죠."

그녀는 다음 스케줄이 잡혀 있어서 일어나야 된다며 미안해 했다. 홍 대리와 황금빛은 시간을 내줘서 고맙다는 말을 하며 일어나 배웅을 했다.

황금빛과 헤어져 집으로 돌아오는 길에 홍 대리는 일부러 버스를 탔다. 늦은 시간이라 그런지 빈 좌석이 많았다. 홍 대리는 귀에 이어폰을 꽂은 채 창문을 약간 열었다.

"후우."

제법 쌀쌀한 날씨였지만 창문으로 들어오는 바람이 정신을 맑게 해주었다. 거리의 사람들은 양 손을 주머니에 넣고 종종걸음으로 귀가를 서두르고 있었다. 간간이 서로의 허리를 감싼 연인도 눈에 들어 왔다. 홍 대리는 황금빛을 떠올렸다.

'가만 생각해보면 걔도 참 무던하게 날 지켜봐줬네. 모자라고 부족한 것이 한두 개가 아닌데 말이야.'

새삼스레 황금빛의 존재와 사랑이 느껴졌다. 그동안 영어공부 한답시고 너무 못해준 게 아닌가 하는 생각이 들자 마음 한 구석이 먹먹해지는 것을 느꼈다.

홍 대리는 창문을 좀 더 열었다. 귀가 시려왔지만 답답한 가슴은 오히려 시원스레 뚫리는 것 같았다.

버스에서 내려 집으로 오는 동안 홍 대리는 곰곰이 생각했다. 세 명의 고수와의 만남에서 당장의 눈에 띄는 비법을 얻은 건 분명 아니었다. 하지만 그들을 통해 홍 대리의 가슴속엔 분명한 메시지 하나가 새겨졌다.

'결국 목표를 향해 몰입할 줄 알아야 한다는 것인데….'

성공은 현재의 직업이나 과거의 경력이 중요하지 않았다. 분명한 목표가 정해지면 온전히 자신의 모든 것을 거기에 쏟아붓는 것이었다.

"그래! 해 보자!"

홍 대리는 어깨를 쫙 펴고 걸음을 더 힘차게 내딛었다.

박코치의 영어 훈련소
도대체 얼마나 오래 훈련해야 하나?

세계어로서 영어의 위상
- 영어를 모국어나 공용어로 사용하는 나라: 76개국
- 영어를 모국어나 공용어로 사용하는 인구: 7억 5,000명
  (세계인구: 약 65억 명, 모국어로 사용하는 인구 : 3억 8,000명)
- 전체 인터넷 사용자 중 영어 사용자 비율: 34.7%
  (전체 인터넷 사용 인구 8억 1,660만 명 중 2억 8,336만 명)

*자료: 교육인적자원부 2005년 보고서

영어공부 시간과 성취도

훈련시간	모국어와 어족이 같을 때			모국어와 어족이 다를 때		
	최하	최대	평균	최하	최대	평균
240시간	1	1+	1/1+	–	–	–
480시간	1+	2+	2	0+	1	1
720시간	2	3	2+	1	1+	1+
1,320시간	–	–	–	1+	2+	2
2,400~2,760시간	–	–	–	2+	3+	3

0: 최하, 1: 기초 의사 소통, 2: 중급 영어 구사, 3: 능수능란, –: 측정 불가 또는 무의미
*자료: 미국 외국연수원, 학습동기가 높은 학생에게 훌륭한 강사 및 시설로 5, 6명에게 주당 20시간을 교육시켰을 때

표에 따르면 영어와 다른 어족인 한국인이 유창한 영어실력, 즉 앞에서 언급한 소리그릇을 만들고 여기에 어느 정도

의 인풋을 담기 위해서는 평균 3,000시간 이상이 걸린다. 하지만 이것은 말하기 위주의 영어교육일 때의 이야기다. 비록 한국에서라도 뉴스나 영화를 활용해 더 집중적으로 발음교정을 하고, 더 많은 문장을 암기한다면 3,000시간을 거의 3분의 1정도인 1,000시간까지 줄일 수 있다.

단 1,000시간으로 줄이기 위해서는 초보자라도 쉬운 영어회화 테이프나 토익문제 테이프 같은 것이 아닌 Authentic Material^{실제 언어}*을 사용해야만 한다.

문제는 이것이 초보자든 영어를 꽤 잘하는 사람이든 간에 모두에게 어렵다는 것이다. 1분짜리 간단한 뉴스라도 확실하게 알지 못하는 단어에 밑줄을 그어보면 전체의 90퍼센트 정도나 된다. 게다가 단어를 일일이 찾아가며 어느 정도 내용을 이해하고, 이를 모두 외우는 데는 1주일 이상 걸린다. 상황이 이렇다 보면 대부분 자신의 실력이 늘지 않고 있다는 공포감을 가지게 된다. 하지만 절대 그렇지 않다. 실제로 더욱 더 빨리, 많이 늘고 있는 것이다. 다음 그림을 보자.

---

* Authentic Material : 원어민들이 서로에게 말할 때 쓰는 영어

A는 힘들지만 산을 곧바로 올라가고 있고, B는 경사가 완만한 곳으로 쉽게 오르고 있다. A가 내딛는 한 걸음 한 걸음은 힘겹기만 하고 하루 종일 올라도 몇 걸음 오르지 못한다. 하지만 B는 쉽고 잘 나아갈 수 있는 길을 선택한 덕분에 하루에도 몇십 걸음을 나아가고 있다. 그런데 일정 기간이 지난 후 뒤돌아보면 A는 실제로 B보다 더 많이 올라가 있는 것을 알게 된다. A는 박 코치 방식이고, B는 기존의 방식이라 보면 된다.

이러한 박 코치의 방식은 암벽을 만났을 때 더욱 더 그 진가를 발휘한다. A는 암벽과 비슷한 험한 것을 많이 넘어 봤으므로 거의 문제없이 오를 수 있다. 하지만 B는 그 동안 편한 길만을 걸어봤으므로 암벽을 만나면 심한 공포감(영어 울렁증)을 느끼게 된다. 영어를 공부하는 사람에게 외국인과의 대화는 높은 암벽과도 같다. 하지만 박 코치 방식으로 훈련하여 뉴스를 어느 정도 알아들을 수 있는 정도면 외국인과의 대화는 정말 쉽다.

체대생 박 코치가 2년 만에 영어강사가 될 수 있었던 비결도 여기에 있다. 박 코치도 처음에는 뉴스 하나를 일주일 동안 훈련했다. 하지만 점점 속도가 빨라지면서 3일, 2일, 하루, 나중에는 한 시간이면 외울 수 있었고, 지금은 한 번만 들어도 거의 대부분의 뉴스를 알아듣고 영어로 내용을 요약해 말할 수도 있다.

또 여기서 중요한 점은 토익점수가 900점이 넘거나 심지어는 외국에 유학을 몇 년간 다녀온 사람일지라도 대부분 이 Authentic Material을 못 알아듣더라는 것이다. 이것은 원어민들이 서로에게 쓰는 말투에만 들어 있는 특유의 덩어리 현상 때문이다.

Authentic Material은 반드시 넘어가야 할 산이다. 쉬운 길이나 지름길은 없다. 절대 피하지 말자. 토익시험 문제나 외국인들이 한국인을 배려해서 쓰는 그런 쉬운 발음에서는 덩어리 현상을 익히기 힘들다. 영어를 잘하기 위해 평생 꼭 한 번 넘어야 될 산이라면 지금 당장 죽을 힘을 다해 여기 한국에서 넘어버리자.

Part 4
홍대리, 귀가 뚫리고 입이 열리다

미션4. 소리영어의 그릇을 만들어라!

"고만해 씨! 제품 품질 관리 보고서 어디 있어? 안 받아 왔어?"

홍 대리는 조만간 미국에 보낼 보고서 작성에 여념이 없었다. 빠듯한 일정인데도 고만해는 뭉그적대고 있었다. 경기불황이 계속되고 환율이 불안정한 상황에서 이번 수출 건은 회사의 사활이 걸려 있었다. 게다가 최막강 팀장이 어떻게 본부장을 구워삶았는지 몰라도 사전에 최막강 팀장에게 검토를 받으란 지시까지 떨어져 가뜩이나 예민한 상태였다. 홍 대리는 보나마나 최막강 팀장이 "그런 중요한 문서는 제대로 검토해야 한다."며 자신의 영어실력을 내세웠을 것이라고 짐작했다. 쉽게 포기하지 않는 그의 집념은 기필코 빅애플 프로젝트를 자신이 주도적으로 하겠다는 의지로 공공연하게 나타났다.

고만해를 닦달하고 생산라인을 점검하는 등 부산하게 움직이던 홍 대리는 잠시 쉴 요량으로 밖으로 나왔다. 담배를 피려고 주머니를 뒤졌지만 없었다. 그제야 자신이 금연을 결심한 게 생각났다. 담배를 끊는다는 게 쉽지 않았다. 늘 답답하면 담배부터 찾는 버릇은 여전히 남아 있었다.

홍 대리는 잠시 시원한 바람이라도 쐬며 걷기로 했다. 단 5분이라도 머리를 맑게 하고 싶었다.

"또로롱!"

황금빛으로부터 문자가 왔다.

 어디야? 메신저도 로그아웃이구 자리에도 없는 것 같던데?

홍 대리는 답신을 보냈다.

 산책 중이야. 무슨 일 있어?

다시 황금빛으로부터 문자가 왔다.

 일은 무슨. 근데 미션을 또 하나 새로 시작한다며? 잘해봐 홧팅^^

홍 대리는 답신을 보내고 회사 근처 편의점에서 캔커피를 하나 샀다. 커피를 마시면서 새로 온 미션을 떠올렸다.

'Never, never, never, never give up.'

"박 코치 그 양반, 혹시 독심술도 같이 공부하는 거 아냐?"

네 번째 미션의 첫머리에는 포기하지 말라는 메시지가 적혀 있었다. 홍 대리는 자신의 마음을 들키기라도 한 듯 흠칫했다. 세 명의 고수들을 만나면서 마음이 조금 복잡해진 것은 사실이었다. 하지만 대놓고 박 코치에게 힘들다는 이야기를 했던 것은 아니었다. 이제 겨우 시작인 마당에 힘드니, 포기니 하는 말 자체가 우습다는 생각이 들었다. 물론 고수들의 이야기를 통해 '목표와 도전'이라는 분명한 메시지를 얻었다. 하지만 한편으론 그 도전의 시간이 결코 짧지 않다는 것에 대해 힘에 부친다는 생각도 들었다.

편의점을 나서려고 할 때 전화가 울렸다.

"대리님, 팀장님이 찾으시는데 어디세요?"

고만해였다. 좀 전까지 자신한테 혼이 났는데도 언제 그랬냐는 듯 싱글거리며 전화를 걸어왔다. 사무실로 돌아온 홍 대리는 왕고수 팀장과 잠시 미팅을 한 후 자리로 돌아왔다. 업무를 시작하기 전에 메일함을 열어 새로운 미션을 다시 확인했다.

> **받은 편지함**
>
> | 답장 | 전체답장 | 전달 | X삭제 | 스팸신고 |
>
> **제 목** Never, never, never, never give up
> **받는이** 홍대리
> **보낸이** 박코치

세 명의 고수들을 만나고 난 뒤에 나에게 했던 말이 인상적이더군. 목표를 향한 몰입이라……. 그리고 영어공부가 단지 몇 개월 만에 끝나는 게 아니라는 생각에 암담한 느낌마저 들더라는 말은 예상했던 말이기도 하지.

4. 소리영어의 그릇을 만들어라, 영화 세 편 끝장내기!
- 영화 한 편당 80시간, 총 240시간(하루 4시간/60일) → +320

이번 미션은 영화 세 편을 보라는 거야. 즐겁게 보면 더욱 좋겠지만 학습의 목적을 분명하게 해야겠지.
'Never, never, never, never give up'은 그 배경을 검색해보면 그 말의 깊은 뜻을 더욱 잘 알 수 있을 거야.
힘이 들더라도 너에겐 분명한 목표가 있어. 그러니 절대로 포기해선 안 되겠지?
그럼, 수고!

새로운 미션이 진행될 때마다 박 코치의 설명은 점점 줄어들었다. 마치 이제는 홍 대리 스스로 알아서 할 때라는 듯 단순한 미션과 짧은 설명뿐이었다.

"그래. 어차피 자기 밥그릇은 자기가 챙기는 거니까."

공부라는 것이 힘들고 어려운 게 사실이지만 그래도 학창시절엔 부모님이든 선생님이든, 또는 각종 시험 등이 자신을 이끌었다는 생각이 들었다. 그런데 지금은 다르다. 목표가 강제력을 대신하고 있다. 공부를 안 한다고 해서 누가 뭐라 하지도 않는다. 그저 낙오되고 도태되는 자신이 싫어서 스스로 채찍질해야 하는, 말 그대로 자기 자신과의 싸움인 것이다.

홍 대리는 비록 짧은 기간이었지만 생활 패턴을 바꿀 정도로 최선을 다했다. 그런데 어쩐 일인지 마치 워밍업을 제대로 하지 않고 축구시합에 뛰어든 기분이었다. 불과 전반전 10분밖에 뛰지 않았는데도 헉헉거리면서 필드의 스타플레이어들을 바라보며 느끼는 복잡한 심정 그 자체였다. 동경과 열등감. 고수들을 만난 뒤부터 이 두 가지 감정이 교차했다.

"홍 대리! 품질 관리 보고서 어떻게 됐어? 아직도 작성이 덜 된 거야?"

갑자기 뒤에서 최막강 팀장의 목소리가 들려왔다. 홀로 생각에 빠져있던 홍 대리가 화들짝 놀라 머뭇거리자 그는 성큼성큼 다가와 큰 목소리로 다그쳤다.

"홍 대리, 뭐해! 아직도 나한테 보고서가 오지 않았잖아. 본부장님한테 보고해야 하는데 도대체 뭐하고 있는 거야?"

"아니, 그건 제가 왕 팀장님을 통해 본부장님께 보고드릴 건데 최 팀장님께 왜 보고를……."
"이 친구 봐라. 본부장님이 나한테 최종 검토를 맡기신 거 몰라? 잔말 말고 되는대로 나한테 먼저 줘."
홍 대리는 발끈했다. 보고 계통을 무시하는 최막강 팀장의 지나친 월권을 참을 수가 없었다.
"그래도 절차와 체계가 있는데, 제가 보고 드려야 할 분은 왕 팀장님이잖아요? 그리고 난 뒤에 최 팀장님께……."
"절차와 체계는 무슨, 이 작은 회사에서 뭘 그리 따져? 현대사회에선 속도가 생명이야. 어차피 나를 거쳐서 본부장님께 갈 거 아니야?"
홍 대리는 슬슬 화가 치밀기 시작했다. 자기를 통해 본부장께 보고가 된다는 최막강 팀장의 말은 마치 왕고수 팀장보다 자신이 위라는 이야기로 들렸다.
"어설픈 영어실력으로 미묘한 의미의 차이라도 놓치거나 왜곡하면 어떡해? 누가 책임질 거야? 이게 무슨 재미로 하는 펜팔인 줄 알아? 독학을 했으면 얼마나 했다고 그래? 뭣 때문에 돈 들여가며 미국에 건너가 학교 다녔는데? 본토 영어를 제대로 겪어보지도 못한 사람들이 뭘 한다고 그러는지 원."
최막강 팀장은 갑자기 영어실력을 운운하며 홍 대리를 노골적으로 무시하였다. 순간 홍 대리는 어이가 없어 뭐라 반박하려 했지만 최막강 팀장은 틈을 주지 않고 돌아서 가버렸다.

"젠장! 그래, 계급이 깡패다!"

홍 대리는 씩씩거리며 자신의 자리로 돌아갔다. 그런데 기분이 불쾌하다기보다 왠지 씁쓸했다. 영어공부는 최막강 팀장처럼 외국물을 먹어야지만 마스터할 수 있는 건지 정말 궁금해지기 시작했다.

'일단 바이어를 만나는 것 때문에 이러고 있지만 정말 제대로 공부하려면 무조건 물 건너가야 하는 게 아닐까?'

하지만 그가 만났던 고수들은 하나같이 박 코치의 훈련법을 통해 자신이 꿈꾸던 것을 이루어낸 사람들이었다. 그것은 어학연수와 상관없이 만들어낸 성과였다. 홍 대리는 볼펜으로 종이에 뭔가 긁적거렸다. 그리고는 마치 주문을 외듯 중얼거렸다.

"Never, never, never give up이라……. 결국 이 말이 정답이네."

옆자리의 고만해가 무슨 소리인가 돌아봤지만 워낙 홍 대리의 표정이 진지해서 말을 걸지 못하고 고개만 갸우뚱거릴 뿐이었다.

하루 일과를 마치고 돌아오던 홍 대리는 집근처 대형할인마트에 들렀다. 박 코치가 내준 미션을 수행하려면 영화 세 편을 골라야 했다.

"어떤 영화를 고르지? 금빛이랑 같이 올 걸 그랬나?"

막상 영화를 고르려고 하니 마땅히 떠오르는 게 없었다. 자신의 취향보다는 영어를 공부하기 위한 목적으로 골라야 하니 더 신중할 수밖에 없었다. 결국 선택을 미루고 집으로 향했다. 영화 한 편당 80시간이라면 결코 만만치 않은 시간인 탓에 좀 더 고민해보기로 했다.

집으로 돌아온 홍 대리는 박 코치의 카페에 접속했다. 여러 게시판을 둘러보면서 혹시라도 자신과 비슷한 상황에 처한 사람들이 있나 살펴봤다. 후기까지 꼼꼼하게 들여다보니 많은 사람들이 영화로 공부하는 방법에 대해 이야기하고 있었다.

"가만 보자, '미녀와 야수'를 보라고? 가장 쉬우니 이것부터 공략하는 게 좋다는 말인데……, 이거 본 거잖아?"

이 영화는 한참 전에 금빛과 개봉관에서 본 애니메이션이었다. 물론 그땐 영어보다는 자막과 영상, 스토리에만 집중했었다. 한 번 본 것을 다시 본다는 게 탐탁지 않았지만 공부를 위해서 홍 대리는 과감하게 주문서를 넣었다. 그리고 카페를 돌아다니며 얻은 정보를 정리해서 나머지 두 편의 영화도 마저 골랐다. '쿵푸 팬더'와 '로빈슨 가족'이란 애니메이션이었다. 아무래도 온 가족이 볼 수 있는 애니메이션은 발음이나 어휘가 쉽고 상대적으로 듣기가 수월하다는 장점이 있었다.

"참, 집에 프렌즈가 있었잖아."

예전에 미드에 빠져 있는 친구에게 프렌즈라는 DVD를 빌렸다가 여태 돌려주지 못한 것이 생각났다. 홍 대리는 우선 워밍업 삼아 프렌즈를 보기로 했다.

"뭐야, 왜 이렇게 말이 빨라?"

막상 DVD를 돌려서 보니 등장인물들의 대사가 빨라도 너무 빨랐다. 게다가 드라마 속 각종 은어들은 아예 알아들을 수도 없었다. 영어자막을 띄워서 봐도 여전히 대화와 자막이 일치되지 않았다. 예컨대 자막엔 분명히 "miss anything"이라고 되어 있는데 귀에 들리기는 "미스링릴"로 들리는 것이었다. 영어자막이 없었다면 anything을 발음했다고는 전혀 생각할 수 없었다. 거의 열 번이 넘도록 다시 돌려 들었지만 anything이란 발음을 들을 수 없었다. 게다가 "in his mouth"란 문장은 "인히즈맹호"에 가깝게 들렸다. 앞으로 계속 돌려 보면서 심지어 입모양을 유심히 살펴보았지만 "th"란 발음이 나오는 입모양이 아니었다.

'이건 뭐, 외계인 암호 해독하는 것도 아니고 원.'

홍 대리는 DVD를 꺼버렸다. 꾸준히 팝송과 연설문 등을 듣고 있었기에 은근히 기대를 했었다. 하지만 여전히 영어의 벽은 높고도 험하다는 것을 절감했을 뿐이다.

'결국 쟤네들이 네이티브이니 저 발음이 맞겠지? 박 코치 형

님한테 물어봐도 그냥 들리는 대로 흉내 내란 말을 할 거야. 꾸준히, 그리고 반복!'

홍 대리는 침대에 누웠다. 아직 갈 길이 먼데 벌써부터 주눅이 들 수는 없었다. 어차피 초보에 불과한데 너무 높은 기대와 욕심을 부릴 이유가 없다며 스스로를 위로했다.

겨울을 알리듯 거리에는 매서운 바람이 불고 있었지만 거리에 사람들은 여전히 북적이고 있었다. 홍 대리는 오랜만에 황금빛과 저녁식사를 했다. 짬을 낼 수도 없을 만큼 바쁜 일정이었지만 그럴수록 더 열심히 황금빛을 챙겨야 한다는 생각이 들었다.

식사를 마친 두 사람은 커피를 마시러 홍대 앞 카페에 들어갔다. 테이블에 앉자마자 홍 대리는 가방에서 뭔가 주섬주섬 꺼냈다.

"뭐야?"

"응? PMP야."

"PMP?"

"영어공부하려고 하나 샀어. 두 달 전에 영화 세 편을 하루 네 시간씩 60일 동안 보라는 미션이 있었거든. 틈나는 대로 보려구 말이야."

"오, 대단한데? 그렇게 자기계발에 돈을 아끼지 않다니 말이야. 역시 내가 사람 보는 눈은 있어. 그치?"

황금빛은 애교스러운 얼굴로 홍 대리를 바라보았다. 실없는 농담이라며 웃던 홍 대리는 조금만 공부하고 일어서자며 영화에 집중했다. 예전 같았으면 데이트 도중에 딴 짓을 한다고 면박을 줬을 황금빛도 가방에서 작은 책 한 권을 꺼내 읽었다. 둘은 한 시간 정도를 그렇게 각자 공부를 하면서 차를 마셨다.

"휴, 벌써 해가 바뀌어서 우리도 한 살 더 먹었네. 작년에 우린 뭘 했지?"

카페 밖으로 나오자 황금빛은 머플러를 매만지며 한마디 했다.

"난 예상치도 못한 일 때문에 정말 허겁지겁 달려왔던 것 같아. 근데 올해도 만만치 않을 것 같으니 걱정이네."

"무슨 소리야. 너 프로젝트 때문에 영어도 공부해야 하고, 또 미국인 바이어와 파트너가 되어야 하는 것 때문에 그러는 거지? 괜찮아. 지금까지 잘해왔어."

지하철역까지 걸어가는 동안 황금빛은 홍 대리의 손을 꼭 쥐었다.

"그런데 영화로 공부하는 건 재미있었어?"

"같은 영화를 계속 돌려봤더니 솔직히 재미는 좀. 사실 지겨울 때도 됐지. 그래도 무엇을 말하려는 것인지는 확실히 알겠더라구."

홍 대리는 '미녀와 야수', '쿵푸 팬더', 그리고 '로빈슨 가족'을 차례로 떠올렸다.

"그게 뭔데?"

"셋 다 자신의 꿈을 이루기 위해서는 포기하지 말고 노력하라는 거야. 자꾸 과거에 연연하는 실수를 범하지 말고 미래를 위해 노력하면 원하는 것을 얻을 수 있다는 내용이지."

"빤한 내용이네."

"그래, 빤한 내용이야. 다만, 그 빤한 메시지가 이렇게 절실하게 느껴질 때가 없었어. 내가 당장 목표를 가지고 있으니 가슴에 확 와닿더라."

황금빛은 홍 대리가 이전과는 완전히 다른 사람 같다는 생각에 다시 한 번 얼굴을 바라보며 싱긋 웃었다.

미션5. 팝송은 매일 먹는 영양제

네 번째 미션이 완료되자 박 코치는 다섯 번째 미션을 보내왔다. 그런데 이번 미션은 그다지 새로울 게 없었다.

"저, 형님. 이번 미션은 그동안 해오던 건데……."

홍 대리는 박 코치에게 전화를 했다.

"그렇지. 이번 미션은 이 공부를 처음 시작할 때부터 이야기했던 거였지. 다만 지금 얼마나 그것을 일상적으로 잘 실천하고 있는지 다시 체크를 해보란 거야."

"체크요?"

"그래. 이번에 준 미션은 그동안 듣는 공부에서 한 발짝 더 나가야 할 때란 거지. 미션을 자세히 읽어봐."

전화를 끊은 홍 대리는 메일을 다시 열어보았다.

'Practice makes perfect.'

'연습이 완벽함을 만든다고?'

홍 대리는 지금 하는 영어공부를 결코 여유로운 자기계발의 과정으로 받아들인 적은 없었다. 말 그대로 훈련이었다. 박 코치는 자신의 영어 공부법을 일명 '쌍코피 훈련법'이라고 한 적이 있었다. 쌍코피를 흘리면서까지 훈련해야 영어를 정복할 수 있다는 말이다.

받은 편지함

| 답장 | 전체답장 | 전달 | X삭제 | 스팸신고 |

제 목　　Practice makes perfect
받는이　　홍대리
보낸이　　박코치

이번 미션은 뭘 새롭게 준비하는 건 아니야. 지금까지 한 것을 점검해보자는 의미가 강하지.

5. 팝송은 매일 먹는 영양제
- 총 70시간(하루 20분/매일) ─〉 +390

꾸준히 들었던 팝송은 아마도 귀를 뚫는데 도움이 되었을 거야. 말 그대로 영양제나 다름없지. 그런데 지금까지 단순히 듣고 따라 읽는 것만 했다면 이제 뭔가 좀 달라져야겠지?
이제 자신의 실력을 조금씩 확인해보는 것도 필요해. 그리고 '듣고 읽기'에서 '말하고 쓰기'로 넘어가야지.

> 또 계획과 점검이 매일매일 공부하는 것을 좀 더 알차게 할 수 있는 법! 너만의 훈련법, 훈련 과정을 한 번 점검해봐.

홍 대리는 그동안 영어를 공부하면서 자신의 실력이 얼마나 향상되었는지를 확인하고 싶었지만 애써 참아왔다. 게다가 실력을 확인하기엔 뭔가 모자람이 있지 않을까 하는 두려움도 있었다.

'지금쯤이면 한 번쯤 확인해보는 것도 좋지 않을까?'

홍 대리는 내친김에 테스트를 한 번 받아봐야겠다는 생각으로 다시 카페에 접속했다. 카페의 이곳저곳을 둘러보다가 '실력을 확인하기 위해서 2~3개월에 한 번씩 시험을 보라.'는 박 코치의 상담 사례를 찾아냈다. 박 코치는 기왕이면 텝스가 가장 객관적이고 정확하게 영어실력을 알아볼 수 있다는 말도 덧붙였다.

"아무리 독하게 결심을 해도 자신이 얼마나 늘었는지 확인이 안 되면 절대로 그 결심을 꾸준하게 지킬 수가 없습니다. 재미있어야 합니다. 가장 큰 재미는 실력이 늘어나는 것을 확인하는 것입니다."

박 코치는 자신에게 상담을 의뢰한 사람에게 시험을 권하며 수시로 실력을 확인하라고 조언해주고 있었다. 홍 대리 역시

이 말에 동의했다. 목표가 세워지면 그 목표를 달성하기까지 단기간의 성취감을 맛볼 수 있어야 긴 여정을 인내하며 갈 수 있는 법이다. 홍 대리는 당장 텝스시험 일정을 알아보고 시험을 쳐야겠다는 생각을 굳혔다.

'그래! 한 번 해보자.'

시험에 대한 이런저런 정보들을 스크랩하고 수첩에 메모했다. 잠시 침대에 기대어 지난 몇 달간을 회상했다. 훈련이 두 달 정도 지나자 컨디션을 조절하는 게 슬슬 힘들어졌다. 매일매일 새로운 것을 한다기보다 똑같은 과제물을 반복해서 한다는 게 쉽지만은 않았던 것이다. 가끔은 모든 걸 포기하고 쉬고 싶다는 생각도 들었다. 그때마다 포기하지 않고 갈 수 있었던 것은 스케줄 수첩 덕분이었다.

'다 네 덕분이야.'

홍 대리는 손에 쥔 수첩을 토닥거리며 다시 회상에 젖었다. 스케줄 수첩은 공부를 처음 시작할 때 황금빛이 선물로 건네준 것이었다.

홍 대리는 그 수첩에 시간표 외에 공부의 범위와 양, 그리고 자투리 시간까지도 기록하면서 수많은 학습정보를 기록해두었다. 빼곡하게 적힌 글씨들은 홍 대리가 아니고선 알아볼 수도 없었다. 홍 대리는 힘들거나 지칠 때마다 수첩을 열어보며 지난날을 회상했다. 그것들은 단순한 글씨가 아닌 노력의 흔적이었다.

'그래, 지금까지 잘해왔는데 좀 더 버티자. 이 단계만 지나면 자연스런 일상이 된다고 했잖아.'

홍 대리는 다시 의욕을 충전하며 파이팅을 다짐했다. 너무 많이 봐서 너덜너덜해진 팝송가사를 꺼내 들고 오디오를 틀었다. 이제 음악보다 가사가 먼저 들리는 것 같았다. 홍 대리는 가사를 소리 내어 읽었다. 홍 대리가 처음 영어훈련에 들어갔을 때 박 코치는 팝송을 영양제 먹듯 매일 20분씩 들으라고 주문했었다.

"팝송은 흥얼거리며 따라 부르는 것만으로는 학습의 효과가 없어. 여러 번 듣고 따라 부르다가 어느 정도 외워졌다 싶으면 반드시 한 소절마다 일시 중지를 하고 말하듯 외워야 해. 절대 노래를 부르듯 따라 하기만 하면 안 돼."

홍 대리는 박 코치의 말을 떠올리며 한 소절씩 잘라서 듣고, 또 따라했다. 그리고 오늘 한 공부에 대해 스케줄 수첩에 기록하고 내일과 일주일, 그리고 한 달간 목표를 다시 점검했다.

"대리님! 저 어떻게 해요!"

고만해가 출근하자마자 홍 대리를 붙잡고 울상을 지었다.

"무슨 일이야?"

홍 대리는 영문을 모르겠다는 표정으로 고만해에게 물었다.

"이게 다 홍 대리님 때문이라구요."

고만해는 대답은 하지 않고 계속 칭얼대기만 했다.

"이봐, 고만해 씨! 이제 좀 고만해! 응? 대체 뭔 일이야?"

"아, 그게 대리님 말씀대로 저도 팝송을 열심히 들어서 완벽하게 발음연습을 했잖아요. 그래서 이번에 소개팅 할 때 노래방에 가서 노래를 불렀는데……."

고만해는 얼마 전에 홍 대리가 팝송을 즐겨 듣는 걸 보고 노래 몇 곡을 받아갔었다. 그리고 자기도 틈만 나면 노래를 들으며 발음을 따라 했었다. 알고 보니 소개팅에 나오는 상대방이 영어통역사 일을 한다는 정보를 미리 듣고 제 딴에는 감미로운 팝송을 불러 점수를 따겠다는 의도였다.

"근데? 왜, 뭐가 문제야? 그리고 내가 뭘 어떻게 했다고 나한테 그래?"

"아니, 그게 말이죠. 대리님이 주신 노래 중에서 감미로운 멜로디가 있기에 그걸 열심히 따라 불렀죠. 그리고 노래방에 가서 불렀는데……."

고만해는 감미로운 멜로디에 완벽한 발음까지 정말 혼신의 힘을 다해 열심히 불렀다고 한다. 그런데 갑자기 자신과 파트너가 된 여자가 어색한 웃음을 짓더라는 것이었다. 이유를 몰

랐던 고만해는 노래방에서 나온 후 그녀에게 애프터 신청을 했고, 그녀는 쌀쌀맞은 표정을 지으며 거절하더라는 것이었다.

"도대체 무슨 노래를 부른 거야?"

"그게, 'More than words'를 불렀는데 노래를 부른 다음부터 상대방의 표정이 이상해지더라구요."

고만해는 다시 감정을 실어 'More than words'의 한 구절을 부르기 시작했다.

"뭐? 그 노래를 처음 만난 여자한테 불렀다고?"

홍 대리는 어이가 없다는 표정으로 고만해를 쏘아보았다.

"왜요? 뭐가 잘못됐어요?"

"그 노래 가사의 뜻도 모르고 부른 거야? 그 노랜 간단히 이야기하면 말로만 말고 적극적으로 스킨십을 해달라는 내용이야."

"네? 그럼 제가 처음 만난 여자한테 대뜸 그렇게……."

고만해는 고개를 푹 숙이며 허탈해했다. 그는 홍 대리가 팝송은 발음이 특히 중요하다는 말에 온통 발음만 신경 쓰며 연습을 했다는 것이다.

"아이구, 이 친구야. 팝송은 가사의 의미를 파악하는 것이 최우선이지. 그래야 상대와 분위기에 따라 적절한 곡을 선택할 수 있는 거라구. 으이그."

고만해는 머리만 긁적였다. 꽤나 마음에 드는 여자였는데 어처구니없는 실수로 놓친 꼴이라며 아쉬운 표정을 지었다.

"이봐, 뜻도 모르고 부르는 노래가 무슨 감동을 주겠어? 하려면 제대로 해야지."

어깨가 축 쳐져서 돌아서는 고만해를 바라보며 홍 대리는 기분이 묘했다. 자신이 영어와 관련해서 이런 조언을 남에게 해줄 줄은 몰랐다. 그것도 그동안 공부한 게 몸에 배어서인지 아주 자연스럽게 말이다.

"제법이야. 이제 그런 것까지 조언해줄 정도면 하산해도 되겠네."

어느 틈엔가 황금빛이 홍 대리 뒤에 와있었다. 황금빛은 홍 대리의 어깨를 툭 치며 생글거렸다.

"커피나 한 잔 하지?"

홍 대리와 황금빛은 옥상으로 향했다.

"근데 너 얼마 전에 텝스 쳤다고 했잖아. 결과가 나왔어? 시험을 본 지가 2주 정도 지났잖아?"

"텝스 점수? 어, 나왔어."

"그래? 어때, 따로 공부를 한 것도 아니었는데 점수는 괜찮게 나왔어?"

홍 대리는 빙그레 웃으며 고개를 끄덕였다. 이틀 전에 점수를 확인했을 때가 떠올랐다. 황금빛의 말대로 따로 텝스를 대비해서 준비를 한 것은 없었다. 그런데도 자신의 예전 토익점수인 700점을 기준으로 했을 때보다 훨씬 높은 텝스 700점대를 받은 것이었다.

"그런대로 괜찮게 나왔어. 확실히 평소에 듣기훈련을 꾸준히 하니 효과가 있더라구."

"그래? 잘됐다. 기분 좋았겠는 걸?"

"헤헤, 사실 짜릿했지. 예전에 토익 준비할 때는 죽어라 토익 교재 보며 난리를 쳤는데 이번엔 형님 말씀처럼 평소 하던 대로 시험을 친 거잖아. 근데도 점수가 예전 토익보다 더 좋게 나왔으니 신기하기도 하고, 뿌듯하기도 하고."

홍 대리는 섬세하고 하얀 황금빛의 손을 잡았다. 따뜻함이 전해졌다.

"시험을 본 건 정말 잘한 것 같아. 공부하는 동안 이렇게 성과를 확인하니 동기부여도 되구 말이야."

"역시나 꾸준히 한다는 게 중요하네."

"그렇지. 형님 말대로 연습이야말로 완벽함을 만드는 법이란 걸 새삼 깨달았어."

홍 대리는 황금빛의 손을 꼭 쥐면서 남은 시간을 생각했다. 이제 '1,000시간 영어 훈련법'은 풀어야 할 영어숙제가 아니라 헤쳐 나가야할 인생의 관문이었다.

미션6. 마지막 강의를 들어라!

다섯 번째 미션을 받은 지 얼마 지나지 않아 새로운 미션이 도착했다. 팝송공부는 일상적인 것이라서 다시 새로운 미션을 부여한 것이었다.

받은 편지함

답장 | 전체답장 | 전달 | X삭제 | 스팸신고

제 목 Live each day to the fullest
받는이 홍대리
보낸이 박코치

Don't borrow from tomorrow, live each day to the fullest.

어때? 아무런 의미가 없는 공부라면 오래갈 수 없는 법이야. 프로젝트 수행시간이 다가올수록 불안하고 초조하겠지? 하지만 지금까지 한 것처럼 하루하루를 열심히 하면 좋은 결과가 있을 거야.

6. 내공 쌓기 Ⅲ, 마지막 강의를 들어라!
- 총 30시간(하루 4시간/8일) → +420

랜디 포쉬 정도는 이름을 들어봤을 거야. 이 사람의 강의 동영상을 보는 게 이번 미션이지. 랜디 포쉬 교수의 강의를 들으면서 영어의 문장과 발음을 중요하게 듣는 것은 기본이라 낯설지는 않을 거야. 그것만큼 중요한 게 강의의 메시지이니 집중해서 잘 듣도록!

랜디 포쉬 교수라면 죽음을 앞두고 마지막 강의를 한 사람으로 유명하다는 것 정도만 알고 있었다. 홍 대리는 이참에 그에 대해 제대로 알아보아야겠다는 생각이 들었다.

"랜디 포쉬 교수라……."

홍 대리는 인터넷 검색창에 그의 이름을 넣었다. 생각보다 자료가 많았다. 그 중에서도 '랜디 포쉬 교수의 마지막 강의'란 동영상이 가장 많았다.

"일단 스크랩부터 하자."

홍 대리는 스크랩 버튼을 클릭하려다 멈칫했다. 곰곰이 생각해보니 대강의 내용을 알고 들으면 사전에 선입견이 생겨 본연의 훈련인 '듣기'에 소홀해질 수도 있다는 생각이 들었다.

"그래. 하루 네 시간씩 8일이나 들어야 하는 강의인데 서두를 필요는 없지."

홍 대리는 박 코치가 보내온 동영상 강의를 열었다. 내용을 완벽하게 이해할 수는 없었지만 그는 죽음을 앞둔 사람이라고는 생각하기 힘들 정도로 열정적인 강의를 하고 있었다.

"홍 대리님, 뭘 그리 열심히 들으세요?"

홍 대리는 귀에 꽂은 이어폰을 내려놓고 뒤돌아보니 황금빛이 캔커피를 흔들며 서있었다.

"사무실에 커피가 있는데 웬 캔커피?"

홍 대리는 황금빛과 함께 복도로 나갔다.

"응, 외근 나갔다 바로 퇴근하려다가 왔어. 편의점에 들러서 네가 좋아하는 원두커피가 있길래 사온 거야. 다들 퇴근했는데 아직도 남아서 공부하는 거야? 아니면 업무를 하는 거야?"

홍 대리는 웃으며 멀티플레이 중이라고 답했다. 황금빛은 환하게 웃으며 들고 있던 캔커피를 건네주었다. 그때였다. 복도 끝 계단 쪽에서 사람의 목소리가 들렸다. 누군가 해서 봤더니 최막강 팀장이 통화를 하고 있었다. 그는 영어로 상대방과 통화를 하고 있었는데, 얼핏 들어보니 "Quality Control Report"

란 단어가 들렸다. 요즘 품질 관리 보고서를 계속 작성하고 있어서 그런지 그 단어가 확실하게 들렸다.

"Sorry, I'll call you back. 미안해, 다시 전화할께."

인기척을 느낀 최막강 팀장은 급하게 전화를 끊고 두 사람을 향해 휙 하고 몸을 돌렸다.

"뭐야? 남의 전화 통화나 엿듣고."

"아니, 그게 아니라 다들 퇴근했는데 계단에서 사람 소리가 들리기에……."

최막강 팀장은 헛기침을 몇 번 하더니 두 사람에게 다가왔다.

"오랜만에 MBA 동기 녀석이 전화를 했네. 근데 미국 사람들은 자기네들이 낮이면 여기도 낮인 줄 아나. 험험."

최막강 팀장은 묻지도 않은 말을 해대며 헛기침을 했다.

"근데 손에 있는 게 뭐야? 오호, 캔커피네. 잘됐다. 목이 말랐는데, 마셔도 되지?"

"아, 예……."

최막강 팀장은 황금빛의 손에 들린 캔커피를 낚아채듯 가져가더니 벌컥거리며 마셨다.

"음, 맛이 좋네. 역시 황 대리는 센스가 있어. 이렇게 맛있는 커피를 고르다니. 센스가 몸매만큼 세련됐단 말이야. 하하."

홍 대리는 순간 불쾌해졌다. 황금빛의 몸매를 운운하는 게 귀에 거슬렸다.

'뭐야? 저 인간. MBA 출신이라면서 매너 운운할 때는 언제고, 지금 성희롱 하는 거야, 뭐야?'

최막강 팀장은 홍 대리의 기분에는 아랑곳하지 않고 계속 황금빛에게 말을 걸었다.

"황 대리, 지금 퇴근 안 해? 할 거면 같이 가지. 내가 태워줄게. 근데 저녁 안 먹었으면 밥 먹고 갈까?"

"아뇨, 팀장님. 저 지금 마무리 할 일이 남았고, 또 친구가 요 앞에서 기다리고 있어서요."

"그래? 뭐 할 수 없지. 언제 다음에 시간 날 때 식사나 한 번 하자고. 하하."

최막강 팀장은 캔커피를 마시며 엘리베이터 쪽으로 갔다.

"뭐냐? 저 싸가지는! 그냥 콱 신고해버려?"

"그러게. 근데 지금 저렇게 웃을 때가 아닌데."

"무슨 말이야? 웃을 때가 아니라니."

황금빛은 홍 대리의 팔을 끌고 최막강 팀장이 엘리베이터를 타고 내려간 것을 확인한 뒤에 입을 열었다.

"얼마 전에 저 인간 홍콩 출장 갔다 왔잖아. 혼자서 해외마케팅을 한답시고 자신의 빵빵한 MBA 인맥을 이용한다고 큰소리 쳤는데, 알고 보니까 일개 통신판매 브로커였대. 그래서 해외 출장비만 고스란히 날렸다는데?"

"아, 그거? 나도 들었어. 그러게 왜 남의 밥그릇만 탐내다 자기 밥그릇은 깨고 앉았냐고. 우리팀 프로젝트에 왜 그렇게 눈독을 들이냔 말이야. 이해가 안 돼. 지난번에 내가 이야기했지? 품질 관리 보고서 가지고 자기가 본부장인 것처럼 어깨에 힘이 잔뜩 들어가서 나한테 뭐라고 하더니만."

"아무튼 오늘 강 대리가 그러는데, 본부장한테 엄청 깨졌대. 거기에다 마케팅팀하고 니네 전략기획팀이랑 업무중복이 심하다고 통합 이야기가 솔솔 나온다던데?"

홍 대리는 황금빛의 이야기를 듣자 뭔가 생각이 났다. 얼마 전부터 왕고수 팀장이 부쩍 본부장한테 자주 불려 갔었다. 한 번 갔다 올 때마다 잔뜩 업무지시를 받아와 홍 대리에게도 일을 시켰다.

"나도 그 이야기는 들었어. 하긴 요즘 왕 팀장님이 해외 수출과 마케팅 관련 기초 조사를 자꾸 시키더라니만."

"그치? 그렇게 되면 최 팀장은 완전히 낙동강 오리알 되는 거 아냐? 왜냐하면 요즘 회사분위기로는 마케팅팀이 너네 쪽으로 흡수되는 모양새라고 말들이 많잖아. 그나저나 너 조심해야겠다. 괜히 최 팀장이 너한테 분풀이할 수도 있잖아. 평소에도 시비를 많이 거는데 걱정이다, 걱정."

홍 대리는 가만히 고개를 끄덕였다. 그런데 아까 최막강 팀장이 통화를 했던 내용 중에 "Quality Control Report"란 말이 신경 쓰였다. 혹시 이번 빅애플 건의 품질 관리 보고서를 말하는 게 아닌가 하는 생각이 얼핏 들었다. 하지만 그 밖의 내용은 듣지 못한 터라 뭐라 단정 지을 수는 없었다. 그러나 왠지 찝찝한 기분은 떨칠 수가 없었다.

주말이 되자 홍 대리는 황금빛에게 전화를 했다. 시간이 넉넉한 주말을 이용해 집중적으로 훈련해야 한다고 박 코치가 조언했지만 간만에 기분 전환을 하는 것도 나쁘지 않을 거라는 생각이 들었다.

"어머, 어쩌냐. 나 오늘 가족들이랑 여행 왔는데. 내가 어제 이야기 안 했었나?"

"그래? 어제 그 싸가지가 갑자기 나타나는 바람에 깜빡했나 보네. 그럼 어쩔 수 없지. 재밌게 놀아."

말은 그렇게 했지만 홍 대리는 내심 섭섭한 마음도 들었다.

'난 이렇게 주말도 없이 고생하는데…….'

홍 대리는 크로스 백 하나를 챙겨들고 밖으로 나왔지만 마땅히 갈 곳이 없었다. 그렇다고 친구를 불러내자니 시간을 너무 많이 뺏길 것 같았다.

버스정류장에 우두커니 서 있을 때 홍 대리 앞에 순환버스가 멈춰섰다. 아직 겨울의 추위가 채 가시지 않아서인지 귓불이

시려왔다. 홍 대리는 뭔가 결심을 한 듯 순환버스에 올라탔다.

'한 바퀴 돌려면 족히 두 시간은 넘게 걸리니까, 그 동안 집중해서 공부하는 것도 좋겠어.'

홍 대리는 간간이 바깥구경을 해 가면서 랜디 포쉬 교수의 마지막 강의를 들었다. 그런데 동영상 강의는 매번 볼 때마다 마음이 편치 않았다. 췌장암 말기 선고를 받은 랜디 포쉬 교수는 시한부 선고를 받고난 뒤에 '어릴 적 꿈을 성취하는 방법'이란 주제로 마지막 강의를 했고, 이 강의가 유튜브에 올라 전 세계 600만 명이 넘는 네티즌들이 봤다고 한다.

"저는 곧 죽습니다. 하지만 남은 날 동안 정말 신나고 재밌게 살 겁니다."

그는 강의를 하는 동안 그 누구보다 더 신명나게 이야기를 하고 있었다. 자신의 말처럼 '제대로, 사무치게' 오늘 하루를 사는 모습을 보여준 것이다. 자신의 종양을 '코끼리'라고 유쾌하게 표현하는 그는 "난 암에 걸렸지만 누구보다 육체적으로 건강하다."며 청중들 앞에서 팔굽혀펴기까지 해보였다.

죽음을 앞둔 그는 사람들에게 삶에 대한 긍정과 희망을 이야기했다. 그리고 꿈을 이루려면 자신의 잠재력을 일깨우라고 말했다.

홍 대리는 불현듯 '당신이 헛되이 보낸 오늘은 어제 죽어간 이가 그렇게 살고 싶어하던 내일'이라는 말이 떠올랐다.

'그 누구라도 오늘 하루는 소중한 시간이겠지. 그런데 지금까지 난 그 소중함보다 무심함으로 하루하루를 바라보았던 게 아닐까?'

지금 자신 앞에 놓인 1분 1초는 죽어가던 이가 '조금만 더'라며 생명의 끈을 쥐고 있었던 시간이라는 생각이 들자 홍 대리는 숙연한 마음이 들었다.

미션7. 외국인 30명, 그들과 친해져라!

"요즘 어때? 할 만해?"

점심을 도시락으로 때운 홍 대리는 평소와 다름없이 자리에서 영어공부를 하고 있었다. 그때 왕고수 팀장이 커피를 쑥 내밀며 다가왔다.

"아, 예. 나름 열심히 하고 있는 중입니다. 헤헤."

홍 대리는 쑥스러운 듯 웃으며 커피를 건네받았다. 왕고수 팀장은 오늘도 도시락이냐며 홍 대리의 빈 도시락을 힐긋거렸다.

"쉽지 않지? 회사일 때문에 이 난리를 쳐야 하나 하는 생각은 안 들어?"

왕고수 팀장이 홍 대리 옆의 빈자리에 앉으며 물었다.

"다 그렇죠. 제가 좀 알아보니 제가 겪는 것보다 더한 경우도

많던데요."

홍 대리는 미션 중 만났던 세 명의 고수를 떠올렸다. 그들은 하나 같이 절박함 속에서 그에 대한 돌파구로 영어를 선택했던 사람들이었다.

"하긴, 얼마 전에 내 고등학교 동기를 만났는데 다니던 회사가 외국계로 합병이 되는 바람에 난리도 아니더군."

왕고수 팀장이 혀를 끌끌 차며 말했다.

"저도 비슷한 이야기 많이 들었어요. 대부분 업무능력보다는 당장의 커뮤니케이션이 안 되니 점점 밀리더란 하소연이 많더라구요."

두 사람은 영어 때문에 고생하는 직장인 이야기를 하며 이 회사도 머지않아 그렇게 될 거라는 데 의견을 같이 했다.

"두 분께서 또 무슨 중요한 프로젝트를 수립하고 계시나? 너무 잘 나가는 거 아냐?"

최막강 팀장이었다. 요즘 들어 부쩍 왕고수 팀장과 홍 대리에게 시비조로 대해서 볼 때마다 불편한 감정이 들었지만 내색하지 않았다. 특히 팀 통합 이야기가 사내에 퍼지면서 홍 대리로서는 더욱 조심스럽게 행동해야 했다.

"여, 홍 대리님께서는 영어삼매경에 푹 빠지셨나 보네. 동영상 강의를 들으면서 영어자막을 보고 있는 걸 보면 역시나 그 실력이 어디 가겠나 싶어."

최막강 팀장은 특유의 가시 돋친 말들을 비꼬는 투로 쏟아냈다. 홍 대리는 저 사람이 왜 저러나 했는데 가만 보니 모니터에 랜디 포쉬 교수의 동영상 강의가 떠있었다. 왕고수 팀장은 헛기침을 하며 약간 불쾌하다는 내색을 했다.

"굳이 영어 때문에 듣는 건 아니구요. 이 강의가 워낙 화제라고 하기에 본 거예요. 최 팀장님도 한 번 보시죠? 삶을 바라보는 시각이 바뀔 수도……."

홍 대리가 삶을 운운하자 갑자기 왕고수 팀장이 옆구리를 쿡 찔렀다. 최막강 팀장의 미간이 약간 찌푸려지는 것을 보았기 때문이다.

"내가 홍 대리한테 그런 충고까지 받아야 하나? 대단하시군. 그런데 이제 몇 달 안 남았을 텐데 여유가 있으시네. 독학으로 영어공부하신 게 얼마나 효과가 있을지는 모르겠지만 직접 외국인을 대면한다는 건 다른 문제일 텐데. 괜히 어설픈 행동으로 망신이나 당하시면 어떡하나."

최막강 팀장의 독설에 홍 대리는 어이가 없었다. 더욱이 현재 사내에서 자신의 위치가 위태롭다는 것은 누구나 다 알고 있는데 저런 여유와 독설을 할 수 있다는 게 오히려 믿기지 않았다. 최막강 팀장은 휘파람을 불며 자신의 자리도 돌아갔다.

"신경 쓰지 마. 최 팀장이 저러는 게 어디 한두 번이야? 그런데 저 양반도 딴엔 도움이 되는 말을 해줬네. 물론 의도하지 않왔겠지만 말이야. 마지막 말은 새겨들을 필요가 있어."

왕고수 팀장의 말을 들어보니 일리는 있었다. 영어공부를 열심히 하고 있지만 미국 측의 바이어를 직접 만난다는 것은 또 다른 문제였다.

"딩동!"

홍 대리의 컴퓨터에서 메일이 왔다는 알림음이 울렸다. 왕고수 팀장은 나지막이 파이팅을 외치며 자리로 돌아갔다.

박 코치로부터 온 미션 메일이었다.

받은 편지함

| 답장 | 전체답장 | 전달 | X삭제 | 스팸신고 |

제 목   Fear of failure
받는이   홍대리
보낸이   박코치

Fear of failure is the father of failure.

영어시험 성적이 괜찮게 나왔다면서? 굳이 이야기하지 않았는데도 스스로 방법을 찾아가는 것 같아서 기쁘군. 이제 1,000시간 훈련도 3분의 2를 넘어가네. 많이 힘들고 어렵겠지만 분발하도록!

7. 내공 쌓기 Ⅳ, 외국인 30명을 만나라!
- 총 80시간(20일) → +500

그동안 공부한 것을 이제 슬슬 실전에 써먹어야 되지 않을까? 이

> 과정을 수행하다 보면 처음엔 두렵고 어려울 거야. 그러나 실패를 두려워하면 아무 것도 할 수 없는 법! 끈기 있게 도전하도록! 외국인을 만날 때는 반드시 보이스레코더를 들고 만나야 돼. 무슨 대화를 나누었는지, 그리고 올바로 대화를 나누었는지 나중에 확인하면서 수정해보는 것이 좋을 거야.

이번 미션은 그 메시지보다 미션 자체가 힘겹게 느껴졌다. 홍 대리는 메일을 몇 번이고 다시 읽었지만 답답하기는 매 한 가지였다. 아마 이런 반응을 예상했기 때문에 '실패를 두려워하는 것이 실패를 낳는다.'는 말을 해준 것 같다. 그렇지만 외국인 30명을 하루 4시간씩 20일 동안 만나라는 미션은 무모해 보이기까지 했다. 무작정 외국인을 만나러 돌아다닌다는 것도 쉽게 상상할 수 없었지만 직접 만나서 이야기를 나눈다는 것 자체가 걱정이었다. 더군다나 30명이나 말이다. 갑자기 머리가 지끈거려 왔다.

집으로 돌아온 홍 대리는 냉수부터 들이켰다. 어려운 과제수행을 앞두고 복잡한 심경을 달래기엔 냉수가 제격이었다. 방으로 돌아온 홍 대리는 휴대폰을 만지작거렸다. 혼자 끙끙거리기보다 황금빛에게 도움을 요청하는 게 낫겠다 싶었다.

"응, 나야. 좀 전에 내가 포워딩한 메일 봤어?"

"봤어. 역시 오빠다운 미션이더군. 호호."

황금빛은 그다지 별스럽지 않다는 듯 가벼운 웃음을 지었다.

"이건 뭐, 갈수록 힘들어지네. 근데 힘든 거야 난이도가 높아진다고 생각하면 이해가 되지만 이번 미션은 좀 황당한 수준이라니까."

"글쎄. 오히려 현실적인 주문이지 않을까? 혼자 틀어박혀 공부하는 것만으로는 영어실력이 쉽게 늘지 않을 거야. 또 자신의 실력을 알아보기도 힘들 테고."

"그래서 텝스시험도 쳤고, 다른 공부도 열심히 하고 있는데……."

"그건 그냥 시험지 위에 적는 테스트일 뿐이야. 물론 도움은 되지만 아무래도 실전이 중요하지 않겠어?"

"그럼 어떻게 해야 하지? 길거리에 나가 외국인 아무나 붙잡고 이야기하면 되는 건가?"

"오! 그것도 괜찮은 방법이네. 호호."

"놀리지 마. 나 지금 심각하단 말이야."

"어쨌건 영어를 공부라고 생각하기보다는 언어라는 차원으로 이해한다면 오빠의 이번 미션을 받아들이기 쉬울 거야. 처음부터 얘기했잖아. 영어는 공부가 아니라 트레이닝이다."

홍 대리는 전화를 끊으며 황금빛의 말을 되새겨 보았다. 영어란 자기만족을 위해 공부하는 것이 아니었다. 결국 최종 목표는 외국인과의 의사소통인 것이다. 그렇다면 이번 미션은 언젠가는 넘어야 할 산이었다.

홍 대리는 지하철역에 도착하자마자 주위를 두리번거리기 시작했다. 지난밤 곰곰이 생각해보니 영어를 테스트할 수 있는 대상이 바로 눈앞에 있었던 것이다. 출근길 지하철역에서 심심찮게 만나는 그 곱슬머리 외국인이었다.

"Hi! 안녕하세요!"

마침 지하철을 타자마자 그 외국인이 눈에 들어왔다. 엉거주춤한 폼으로 외국인 옆에 나란히 선 홍 대리는 가볍게 목례를 하며 인사를 건넸다.

"Hi! 안녕하세요!"

외국인도 홍 대리를 알아보는 눈치였다. 꽤 오랜 기간 얼굴을 마주치던 사이여서인지 별다른 경계심은 없었다. 곱슬머리 외국인의 손에는 책이 한 권 들려져 있었다. 단편소설집 같았다. 다행히 홍 대리도 제목 정도는 알고 있던 책이라서 그 책에 대해 뭔가 말해볼까 하는 생각이 들었다. 하지만 막상 입을 떼려니 쉬운 일이 아니었다. 결국 "Bye!"라는 인사만 한 번 더 건네고는 지하철에서 내려야 했다. 홍 대리는 마음이 착잡했다. 연습과 실전이 얼마나 다른지 절감하는 순간이었다.

"이그, 이놈의 영어 울렁증, 아니 공포증이란!"

사무실로 들어온 홍 대리는 메신저부터 켰다. 황금빛에게 출근길에 있었던 일을 이야기하고 곧바로 도움을 요청했다. 황금빛은 퇴근 후 이태원에 가자고 제안했다. 무작정 외국인을 찾기보다는 있을 법한 장소로 가는 게 낫다는 이유에서였다.

퇴근 후 예정대로 두 사람은 이태원으로 향했다.

"자, 이제 시작해."

황금빛은 뒤로 멀찍이 물러섰다. 홍 대리는 보이스레코더를 켜고 한 외국인에게로 천천히 다가갔다.

"저……."

막상 파란 눈을 마주보며 앞에 서니 쉽게 입이 떨어지지 않았다.

"What? 무슨 일이죠?"

파란 눈의 외국인은 아무 말도 못한 채 서있는 홍 대리를 보며 의아한 듯 물었다.

"Sorry! 죄송합니다."

홍 대리는 보이스레코더를 꺼버렸다. 더 이상 말을 건넬 용기가 나지 않았다. 아침마다 보던 곱슬머리 외국인한테도 쉽게 입을 뗄 수 없었던 데다가 두 번째 시도까지 실패로 돌아가니 완전히 기가 죽어 있었다.

"이런, 의기소침 모드가 생각보다 심하네."

보다 못한 황금빛이 다가왔다.

"약 올리지 마. 난 죽을 지경이야."

황금빛은 일단 오늘은 그냥 가고 내일이 주말이니 인천국제공항으로 가보자고 했다. 길을 걸어가는 사람을 붙잡고 이야기하는 것보다 공항에서 비행기를 기다리며 느긋하게 있는 외국인에게 말을 거는 게 더 편할 수도 있다는 생각이었다.

주말이라 그런지 공항은 사람들로 붐볐다. 공항로비로 들어서자 정말 곳곳에 외국인이 눈에 띄였다. 홍 대리는 호흡을 가다듬었다. 세 번째 시도는 절대 실패하면 안 된다는 생각이 강했다.

"긴장하지 마. 외국인이든 한국인이든 다 사람이야. 무례하지만 않으면 돼. 힘내라구."

로비에 세워져 있는 기둥 옆에서 잠시 기대 선 홍 대리는 제일 먼저 말을 걸 만한 사람을 찾았다.

'저 백인남자? 음, 너무 까칠할 것 같단 말야. 저 흑인 여자

는? 에이, 괜히 치한 취급 받을 수도 있겠는 걸?'

홍 대리는 마땅한 상대를 고르려 여기저기를 두리번거리다 적당한 대상자를 찾았다. 나이 많은 부부였는데 인상이나 체격도 넉넉한 게 왠지 말을 잘 받아줄 것 같았다. 홍 대리는 주머니 속의 보이스레코더를 켜고 용기를 내어 노부부를 향해 걸어갔다.

"Excuse me. 실례합니다."

홍 대리는 웃으며 노부부에게 인사를 건넸다. 그런데 선뜻 다음 말을 이어가지 못했다. 노부부도 처음에는 웃으며 인사는 받아주었지만 홍 대리가 계속 웃기만 하고 말을 하지 않자 약간 경계하는 눈빛이었다. 홍 대리는 노부부의 무거운 가방을 들어주는 게 좋겠다는 생각이 들었다. 홍 대리는 용기를 내어 입을 열었다.

"Let me help you with this bag……. 제가 이걸 좀 들어……."

홍 대리는 노부부의 가방을 들며 말했다. 그때 갑자기 노부부가 놀란 듯 소리를 질러댔다. 노부부의 눈에 홍 대리는 영락없는 날치기범이었던 것이다. 쭈뼛쭈뼛 다가와서는 덥석 자신들의 가방을 집어 들었으니 말이다.

"Oh, no! 안 돼요!"

홍 대리는 얼굴이 노래졌다. 절대 그들을 놀라게 하려는 의도가 아니었다. 하지만 이미 노부부는 이성을 잃은 채 소리를 질러대고 있었다.

"I'm so sorry, he is just studying English……. 죄송합니다. 이 친구는 지금 영어를 공부하기 위해…….″

저만치서 바라보고 있던 황금빛이 급히 달려왔다. 그리고 노부부를 진정시키며 천천히 상황에 대해 설명해주었다.

"무슨 일이래?"

"도둑인가?"

사람들이 웅성대며 주위로 몰려들었다. 홍 대리는 식은땀이 나기 시작했다.

"Oh, we totally misunderstood each other. But how come you took someone else's baggage without any permission? 이런, 우리가 오해를 했네요. 그래도 그렇지 허락도 받지 않고 남의 가방부터 집어 드니 말이야. 하하."

겨우 오해를 푼 노부부가 홍 대리에게 미안하다고 말했다.

"No, I am sorry. It was my mistake. I was just trying to be helpful. 아, 아닙니다. 제가 경솔했습니다. 마음이 너무 앞서서."

겨우 오해를 풀고 난처한 상황에서 벗어난 홍 대리는 진이 다 빠져 로비의 의자에 털썩 주저앉았다.

"이게 뭐야. 외국인한테 말 한 번 걸려다가 졸지에 도둑 취급 받았잖아."

"그러게. 그렇게 덥석 가방을 들어버리면 어떡해?"

"말이 안 나오니 무심결에 행동이 앞서 버렸지 뭐."

다시 생각해도 아찔한 일이었다. 경찰까지 달려왔으니 이 무슨 망신인가 싶었다.

"야, 그래도 너 마지막에는 영어 좀 하던걸."

"오, 그러고 보니 내가 아까 영어로 말했구나."

홍 대리는 그제야 주머니에 들어있던 보이스레코더가 생각났다. 녹음을 중지하고 좀 전에 녹음했던 것을 틀어보니 가관이었다.

"큭큭. 쪽팔린다. 어쨌거나 영어로 말을 하기 시작했으니 이제 됐어. 까짓것 계속 부딪쳐 보자구."

홍 대리는 좀 전의 난처한 상황은 다 잊은 채 첫 번째 대화를 성공한 것에 기뻐하며 호들갑을 떨었다. 황금빛은 웃으며 홍 대리를 격려해주었다.

내친 김에 공항에서 두 명의 외국인에게 말을 더 걸었다. 짧은 대화이긴 했지만 더 이상 심하게 더듬거리는 일은 없었다.

물론 외국인과의 대화가 수월하게 이루어진 것만은 아니었다. 하루는 퇴근 후 이태원에 가서 어떤 외국인 남성에게 말을 걸었다가 본의 아니게 게이로 오해받기도 했다. 홍 대리가 친절하게 한답시고 너무 생글거리며 말을 건 것이 화근이었다. 그렇게 열 명이 넘을 때까지는 만날 때마다 식은땀이 흐를 정도로 갖가지 에피소드가 일어났다.

"오늘 대화 나눈 거 다 녹음했지? 어디 한 번 들어보자."

황금빛은 커피를 마시며 대화내용을 점검했다. 홍 대리는 무작정 말을 거는 것이 이 미션의 목적이 아니라는 것을 잘 알고 있었다. 박 코치의 주문대로 '대화'를 하는 것이 목적이었다.

"응, 여기 들어봐. 이 대목에선 도통 무슨 말인지 모르겠더라구."

"어디 봐. 음, 이 친구 속어를 많이 쓰네. 이런 표현은 안 배우는 게 낫겠다."

외국인과 만나면서 나눈 대화를 녹음한 것을 되돌려 들으며 하루의 복습을 도와주는 황금빛은 몇 가지 주의사항을 더 일러주었다.

열다섯 명이 넘어서자 홍 대리는 어느덧 외국인에게 말을 건네는 게 대범해졌다. 비록 완벽하지 않은 문장과 발음이지만 홍 대리는 그들과 의사소통이 된다는 사실이 놀라울 뿐이었다.

"Ha-ha-ha, that's right. When you visit Korea, you should definitely visit Kyungbok-goong. Also it is located in downtown so it is pretty easy to get there. 하하하. 그렇죠. 한국에 왔으면 경복궁은 당연히 가봐야죠. 더군다나 도심에 있으니 가보기도 편하죠."

외국인과 만난 지 열흘이 넘어가던 날에는 인사동에서 외국인에게 관광정보를 간단하게 이야기할 정도가 되었다. 홍 대리는 가벼운 농담도 주고받을 정도가 되자 점점 자신감이 생겼다. 만난 외국인이 스무 명을 넘어서자 영어 울렁증의 극복은 물론이고 그들에 대한 선입견마저 사라진 듯한 느낌이 들었다.

"그래. 외국인이라고 해서 나와 다른 사람이 아니야. 피부든 언어든 상관없이 누구나 똑같은 사람이고, 또 친구가 될 수도 있는 거야."

황금빛이 대견하다는 눈빛으로 홍 대리를 바라봤다.

홍 대리는 마지막 서른 번째 만날 사람으로 지하철의 곱슬머리 외국인을 선택했다. 이제 그 사람과 대화를 나눈다면 세상에 두려운 외국인은 아무도 없을 것이라는 생각이 강하게 들었다.

"Hi? 안녕하세요?"

홍 대리가 여유로운 미소를 띠며 곱슬머리 외국인에게 인사를 건넸다. 외국인도 웃으며 인사를 했다. 그는 평소와 다름없이 책을 펴들었다.

"I guess you love reading. I saw you reading many times before. 독서를 좋아하시나 봐요. 매번 이렇게 책을 읽으시네요."

홍 대리가 말을 건네자 곱슬머리 외국인은 조금 놀라는 듯한 표정을 지었다.

"Oh, you are very fluent in English. I thought you weren't because I've never seen you speak English. 오, 영어

를 꽤 잘하시네요. 전 항상 말이 없으셔서 영어를 잘 못하시는 줄 알았어요."

곱슬머리 외국인도 홍 대리가 낯설지만은 않았던 모양이었다. 푸근한 웃음으로 순순히 대화에 응했다.

"Not really, I'm just a beginner. Ha-ha. 잘 하기는요. 아직 걸음마 단계죠. 하하."

곱슬머리 외국인의 이름은 샘이었다. 지하철이 이동하는 동안 홍 대리는 지겨운 줄도 모르고 샘과 대화를 이어갔다. 물론 중간중간 알아듣지 못하는 말도 있어서 그에게 조금 천천히 말해달라고 부탁하기도 했다.

샘은 한 손에 커피를 들고 있었다. 진한 블랙 커피향이 은은하게 퍼졌다. 갑자기 홍 대리는 이전에 외웠던 한 문장이 생각났다.

"It is awful tasting. 향이 너무 진하네요."

순간 샘은 환하게 웃으며 자신은 커피홀릭에 빠졌다며 털털하게 웃었다.

'이게 통하네, 헤헤. 근데 긴 것을 실컷 외워도 정작 튀어나오는 건 짧고 쉬운 것만 나오는구만.'

홍 대리는 블랙커피의 향을 맡자 스티브 잡스의 스탠포드 대학 졸업축사 중 "It was awful tasting medicine. 이것은 끔찍하게 독한 약이었다."이란 문장이 떠올라 응용했던 것이다.

마지막 서른 명을 채우고 지하철에서 내렸을 때 홍 대리는 마치 서바이벌의 정글에서 벗어난 것처럼 의기양양해졌다. 많은 사람들과의 낯선 만남과 영어로 대화하기에 성공하면서 생긴 자신감은 홍 대리의 일상에서도 많은 변화를 일으켰다. 사람들 앞에서 더 당당하고, 낯선 업무나 상황에서 당황하는 경우가 많이 줄어들었다. 그리고 무엇보다도 성격 자체가 훨씬 활발해졌다는 것을 본인 스스로도 느낄 수 있었다.

박코치의 영어 훈련소
정확한 발음을 훈련하라!

발음교정은 크게 두 가지 측면에서 연습이 필요하다. 첫째는 우리와 다른 혀위치와 입모양 때문에 생기는 덩어리 현상이며 둘째는 우리와 다른 발성법이다.

먼저 덩어리 현상은 혀위치 세 가지와 입모양 하나를 기억해야 한다.

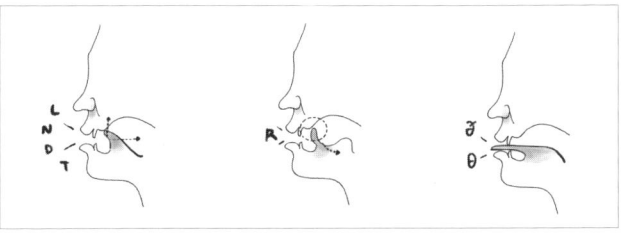

● 혀위치에 따른 발음

먼저 L, N은 그림에서처럼 입천장에 밀어 붙여줘야 한다. 중요한 것은 힘의 방향인데 혀끝을 꺾어 올리면서 붙여주어야 한다. D, T 발음은 붙였다가 빠르게 떨어지면서 터지는 듯한 소리를 낸다.

R은 L과 반대되는 방향으로 힘을 준다. 즉, 바닥으로 혀를 깔며 목 쪽으로 당겨주어야 한다. 혀를 최대한 목 쪽으로 당

겨 마치 목이 막힌 듯한 소리를 내어야 한다.
TH 발음은 혀를 내밀었다가 당기면서 치아에 끌면서 소리를 낸다.

● 입모양은 한 가지
/æ/, /e/, /i/, /a/

영어 모음의 입모양은 대부분 입이 벌어지는 것이 한국어와 가장 큰 차이점이다. 물론 이들의 혀위치와 입모양은 약간씩 차이가 난다. 하지만 한국어와는 그리 큰 차이가 없다. 입을 가능한 옆으로 크게 벌리면 된다. 단, /æ/ 발음만은 아래로도 가능한 크게 벌려주어야 한다.

● 혀위치 세 가지와 입모양 때문에 생기는 덩어리 현상
이러한 혀위치 때문에 같은 혀위치는 붙어버리고 발음되기 어려운 혀위치는 탈락이 되어버린다. 또한 입이 벌어지는 발음들에 강한 강세가 오게 되는데 이러한 혀위치와 강세 때문에 바로 덩어리가 생기는 것이다. 이것을 그림으로 설명하자면 이렇게 된다.
열다섯 개 정도의 단어로 이루어진 문장이 마치 네 덩어리의 소리로 발음이 된다.

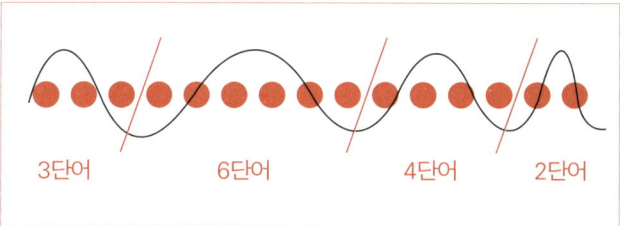

● 원어민의 발성법을 흉내 내라!

성악가가 노래할 때 소리를 내는 방식과 국악에서 창을 할 때의 방식은 다르다. 이는 영어와 한국어를 말할 때도 마찬가지다. 영어를 발음할 때는 코맹맹이 소리 또는 허밍을 할 때와 비슷한 소리가 난다. 이는 복식호흡을 하기 때문이다. 마치 입에서 공기가 밖으로 빠져나가지 못하도록 입과 목 전체에 힘을 강하게 주고 발음하면 된다.

보통 외국에 1년 정도 있다 오면 누가 가르쳐주지 않아도 원어민들의 이 목소리를 흉내 내는 것을 볼 수 있다. 즉, 가장 좋은 발성 훈련법은 원어민들의 영어를 그 목소리까지 흉내 내며 따라 읽는 것이다.

● 발음교정은 언제까지 해야 하나?

이러한 발음교정 훈련은 절대 정해진 시간과 양이 없다. 가능한 많이 할수록 좋다. 물론 아나운서의 발음을 흉내 내는 것만큼 좋은 발음교정 훈련은 없을 것이다. 다시 한 번 강조하지만 발음교정은 문장의 강세와 덩어리를 느끼면서 따라 읽는 것이 가장 중요하다.

● **에코 리딩과 쉐도우 리딩이란?**

에코 리딩과 쉐도우 리딩은 효과적인 발음교정과 문장암기를 위한 훈련법이다. 먼저 에코 리딩은 한 문장 정도를 메아리 치듯이 여러 번 반복해서 따라 읽는 방식이다. 한 문장을 집중해서 외우거나 발음을 교정할 때 좋다. 그리고 쉐도우 리딩은 여러 문장으로 이루어진 내용을 한 덩어리, 한 박자 늦게 쫓아가면서 읽는 방식을 말한다.

Part 5
영어는 커뮤니케이션이다

미션8. 시트콤과 미드에 빠져라!

언제 그랬냐는 듯 3월의 하늘은 따뜻하고 포근했다. 얼마 전까지만 하더라도 서울을 뿌옇게 뒤덮고 있던 황사에 시달렸던 홍 대리는 외근을 다녀오는 길에 모처럼 서점에 들렀다. 사람들로 북적이는 서점에서 홍 대리의 관심을 끄는 것은 책이 아니었다. 새로운 미션을 수행하기 위하여 미드 DVD를 사러 온 것이다.

"가만있자, 내가 찾던 게 어디 있나? 카페에서 본 게 어디 있을 텐데."

홍 대리는 박 코치가 보낸 여덟 번째 미션을 수행하기 위하여 부지런히 DVD 코너를 돌아다녔다. 박 코치는 공부가 막바지에 접어들자 좀 더 분발하라는 메시지를 보내왔다.

받은 편지함

| 답장 | 전체답장 | 전달 | X삭제 | 스팸신고 |

제 목 Experience is the best of schoolmasters
받는이 홍대리
보낸이 박코치

> Experience is the best of schoolmasters, only the school fees are heavy.
> -Thomas Carlyle

이제 정말 끝을 향해 달려가는군. 처음 공부를 시작했을 때를 생각해봐. 그동안 열심히 해온 결과를 온 몸으로 느낄 수 있을 거야.

8. 시트콤과 미드에 빠져라!
- 총 200시간(하루 4시간/50일) → +700

내가 처음 너를 만났을 때 말했던 것 기억나지? 영어는 언어야. 언어란 그 말을 사용하는 사람들의 문화와 삶이 담겨져 있는 법이거든. 그걸 제대로 이해하지 않고서는 대화하기가 힘들지.
미국인들, 특히 뉴요커의 삶과 문화를 이해하도록 노력해봐. 물론 직접 경험하는 것만큼 좋은 건 없겠지만, 그렇다고 당장 뉴욕으로 날아갈 수는 없으니 미드나 시트콤을 보면서 간접적으로나마 경험하도록!

'경험만큼 좋은 게 없지. 단지 수업료가 좀 비싸긴 하지만.'

박 코치의 메시지에 홍 대리는 저절로 고개가 끄덕여졌다. 비록 외국인을 30명이나 만났지만 그렇다고 해서 그들의 정서까지 이해한 것은 아니었다. 물론 처음엔 말 자체가 제대로 통하지 않아 애를 먹었지만 어느 정도 기본적인 대화가 되었을 때는 의외로 사고의 차이 때문에 당황한 적도 적지 않았다.

'일단 프렌즈는 집에 있으니까 됐구. 또 뭐가 있나?'

홍 대리는 미드와 시트콤 DVD를 몇 개 골랐다. 어차피 50일 동안 몇 개를 중점적으로 보면서 듣기와 발음에 대해 계속 공부를 해야 하지만 박 코치의 말처럼 뉴요커의 삶을 이해하려면 두루 섭렵하는 것도 괜찮겠다는 생각이었다.

집으로 돌아온 홍 대리는 박 코치의 카페 자료실에서 구한 스크립트를 펼쳐 놓고 외우기 시작했다. 미드 한 개의 에피소드에 해당하는 스크립트의 분량을 4~5분 정도에 맞추어서 구분해놓은 스크립트였다. 스크립트를 먼저 외운 뒤에는 혼자서 롤플레이를 한 후, 내용을 요약해 적었다. 어떤 내용인지를 직접 정리하다보니 드라마를 보면서 전체적 내용을 이해하는데도 도움이 되었다. 뿐만 아니라 조금씩 미국인들의 일상에 대해서도 이해할 수가 있었다.

미드는 생각보다 홍 대리의 흥미를 끌었다. 때론 스토리에 너무 빠져 본연의 임무인 공부를 놓칠 때도 있었지만 단지 재미로 보는 게 아니란 사실은 잊지 않았다. 그렇게 본 미드나 시트콤의 스크립트를 정리한 후, 가끔 황금빛을 만나 내용을 이야기하듯 설명해주었는데 확실히 효과가 컸다.

"대리님. 그거 프렌즈죠? 저두 요즘 미드 좀 보려고 하는데, 좀 빌려주시면 안 돼요?"

"이거? 그러지 뭐. 근데 고만해 씨는 내용이 뭔지는 알아?"

사무실에서 가방을 정리하면서 꺼내 놓은 DVD를 보고 고만해가 빌려달라고 하자 홍 대리는 내용에 대해 아냐고 물었다.

"아뇨. 이제 막 시작한 걸요. 친구들이 이거 재미있다고 하면서 권하더라구요. 근데 정말 이걸 보면 연애에 대해 잘 알 수 있나요?"

고만해는 소개팅에서 번번이 퇴짜를 맞는 중이었다. 얼마 전까지는 자신의 매력을 몰라준다며 콧대 높은 소리만 하던 그였지만 연이은 실패에 다소 기가 죽은 상태였다.

"그러니까 연애 때문에 이걸 보시겠다?"

홍 대리는 피식 웃음이 나왔다. 고만해가 한심한 게 아니라 똑같이 미드를 보는데 일단 나름의 목적이 있다는 공통점이 재미있었다.

"이거 보면 여자의 심리에 대해서 잘 알 거라고 그러던데요?"

"그래? 그럼 섹스 앤 시티를 봐. 그게 아마 여자들의 솔직한 심리를 아는데 도움이 될 테니 말이야."

"뭔 시티요? 무슨 제목이 그렇게 노골적이에요? 그거 미국 야동 아닌가요?"

홍 대리는 고만해의 말에 크게 웃었다. 홍 대리는 이참에 자신이 공부한 결과를 테스트할 겸 섹스 앤 시티에 대해 설명을 해주었다. 단지 줄거리만 이야기해주는 게 아니라 나라와 인종이 달라도 여자의 심리란 이런 것 같다는 그럴듯한 해석까지 덧붙여서 말해주었다.

"아니, 연애에도 그렇게 도통하신 분이셨는지 몰랐습니다! 역시 저의 사부님답습니다. 하하."

고만해는 존경스러운 눈빛으로 홍 대리를 바라보았다.

"또 실없는 소리하신다. 고만해 씨. 제발 좀 고만하세요."

홍 대리는 고만해에게 면박을 주었지만 기분이 과히 나쁘지는 않았다. 홍 대리는 이제 영어에 대한 자신감을 넘어서서 미국인들의 일상을 조금이라도 이해해가는 과정에 재미를 느끼기 시작했다.

고만해와 잠시 수다를 떠는 동안 자리를 비웠던 왕고수 팀장이 사무실로 들어와 누군가와 통화를 했다. 통화를 마친 왕고수 팀장이 메신저로 홍 대리를 옥상으로 불렀다. 평소와 달리 사무실이 아닌 옥상에서 보자고 하니 괜스레 긴장이 되었다.

"예, 팀장님."

"홍 대리, 다름이 아니라 지난번 품질 관리 보고서 말이야. 그거 파일로 누구에게 준 적이 있어?"

"예? 파일로요? 지난번에 최막강 팀장님한테 보고서를 드렸더니 수정할 게 있으면 바로 하겠다고 파일로 달라고 하셔서 준 거 말고는 없는데요."

최막강 팀장은 본부장과 이야기가 다 된 거라며 직접 파일을 요구했었다.

"그래? 왜 나한테 말을 하지 않았어?"

"그게 본부장님한테 다 말씀이 되었다고 해서요. 근데 무슨 일이……."

왕고수 팀장의 표정은 어두웠다. 담배를 하나 달라고 하더니 홍 대리가 담배를 끊었다고 하자 한숨만 내쉬었다.

"맞다. 담배 끊었다고 했지. 아무튼 아직 확실한 건 아니라서 자세히 말은 못하겠는데 우리 보고서가 밖으로 돌아다닌다는 이야기가 있어. 대만 쪽 경쟁사에서 우리의 약점을 잡았다며 공격적으로 나온다는 이야기도 있고 말이야. 일단 자네가 밖으로 유출한 건 아니지? 지금 IT팀에서 직원들의 이메일 기록을 은밀히 살피고 있다더군."

그러고 보니 보고서를 파일로 준 지 얼마 지나지 않아 야근을 할 때였다. 몸이 뻐근해서 복도로 나갔는데 계단 쪽에서 사람의 목소리가 들려 누군가 해서 가봤더니 최막강 팀장이 통화를 하고 있었다. 그때는 홍 대리가 가까이 다가가기도 전에 통화를 마쳐 무슨 내용인지 알 수가 없었다. 그런데 얼마 전에 황금빛과 함께 또 다시 계단에서 마주쳤을 때도 영어로 통화를 하고 있었는데 분명히 'Quality Control Report'란 단어를 말했던 것이 기억났다.

"무슨 생각하고 있는 거야?"

"아, 아닙니다."

"아무튼 조만간 회사가 발칵 뒤집어질 수도 있으니 보안에 대해 신경 써. 그리고 빅애플 건은 나 외에 다른 사람에겐 절대로 보고나 자료공유하지 말고. 내 말 무슨 뜻인지 알겠지?"

"예. 알겠습니다."

홍 대리는 자리로 돌아와 지난번 최막강 팀장이 통화하던 것을 기억해내려 애썼다. 집중을 해서 생각해보니 'Taipei'나 'China Pacific' 같은 단어가 기억났다.

'가만 있어봐. 타이페이는 그렇다 치고, 차이나 퍼시픽은 우리랑 경쟁업체의 이름인데, 도대체 뭐가 어떻게 돌아가는 거야?'

홍 대리는 최막강 팀장의 통화내용을 왕고수 팀장에게 말하려다 그만두었다. 단지 몇몇 단어만 알아들었는데 경쟁업체의 이름이 나왔다고 해서 직접 그쪽이랑 통화를 했다고는 단정 지을 수가 없었다.

'이거 마음이 복잡하네. 혹시 최 팀장이 그런 짓을?'

다시 생각해보니 최막강 팀장은 홍 대리의 영어실력을 무시하고 있었다. 그래서 두 번이나 홍 대리에게 전화통화를 들켰을 때도 약간 놀라기는 했지만 당황하지는 않았다. 서둘러 통화를 마쳤지만 홍 대리에게 여유롭게 굴기까지 했던 것이다.

'은근히 기분 나쁘네. 내가 무슨 말인지 모를 거라 생각했던 거 아냐?'

홍 대리는 불쾌한 기분이 들었으나 일단 의심스러운 정황을 보인 최막강 팀장을 예의주시하기로 했다. 최근 해외마케팅의 실패와 팀 통합 논의로 입지가 좁아진 그가 이직을 준비한다는 이야기도 돌고 있었다. 그뿐만 아니었다. 본부장의 질책에 언성을 높이며 싸웠다는 소문도 있었다. 이런 상황에서 최막강 팀장이 앙심을 품을 만한 대상은 홍 대리를 비롯한 왕고수 팀장과 전략기획팀일 거라는 생각이 들었다. 더욱이 빅애플 프로젝트와 관련해서 뭔가 장난을 친다면 홍 대리뿐만 아니라 회사도 큰 타격을 입을 수밖에 없었다.

미션9. 배경지식을 쌓아라!

며칠 동안 회사는 어수선했다. 알게 모르게 회사의 기밀이 빠져나갔다는 소문이 돌았고, 직원들은 말과 행동을 조심하며 몸을 사리고 있었다.

💬 [황금빛] 반짝이는 인생 님의 말 :
요즘 회사 분위기 완전 꽝이다. 근데 오늘 카페 모임이 있는데 나가지 않을래?

황금빛이 메신저로 카페의 모임에 나가지 않겠냐고 물어왔다. 홍 대리는 숨이 막히는 회사 분위기 때문에 답답했기에 함께 나가자는 황금빛의 제안이 반가웠다. 그동안 몇 번 카페모임에 나갔었지만 이렇다 할 말할 거리가 없어 멀뚱하게 있다가 온 적이 많았다. 그러나 이제는 자신이 있었다. 서툴더라도 그들의 대화에 끼고 싶었다.

"어머, 홍대강 씨 오랜만이에요."

카페회원들이 홍 대리를 반겼다.

"Hi, how have you been? 예, 안녕들 하셨어요?"

홍 대리는 당당하게 영어로 인사를 했다. 박 코치는 고개를 끄덕이며 흐뭇한 미소를 지어 보였다.

모임은 여느 때처럼 활기찼다. 멤버들은 모두가 그동안 공부를 하면서 겪었던 에피소드를 이야기하거나 혹은 특정 주제에 대해 나름대로 열심히 대화를 하려고 노력하고 있었다. 물론 오늘도 그들의 대화는 영어로만 이어졌다.

누군가 재테크를 이야기하면서 펀드와 관련된 주제를 꺼냈다. 그들의 이야기가 무르익을 때쯤 홍 대리가 끼어들어 자신의 생각을 이야기 했다.

"There is no limit to fund. 펀드 만기에는 제한이 없습니다."

순간 여기저기서 질문이 쏟아졌다. 홍 대리는 펀드 만기가 3개월이든 6개월 혹은 1년이든 상관없다는 뜻이었는데 모두들 해당 펀드는 만기가 없는 즉 'open end'로 알아들은 것이었다. 순간 당황한 홍 대리는 미안하다며 해명하기 시작했다.

"뭐 그럴 수도 있죠. 'no limit'이라고 쓸 수도 있는 거니까. 다만 우리가 흔히 생각하는 한국식 표현을 영어로 그대로 대입했을 때 흔히 생길 수 있는 실수가 아닌가요?"

한 멤버가 홍 대리의 실수를 설명하면서 미소를 지었다. 그제야 사람들도 가볍게 웃으며 그럴 수도 있다고 홍 대리를 위로했다. 매일 듣는 팝송 가사에서 본 'no limit'을 무심코 썼던 게 화근이었다.

홍 대리는 순간 얼굴이 화끈거렸다. 게다가 박 코치가 있는 자리에서 그런 실수를 한 것이 마음에 걸렸다. 단순한 실수라고 여기기에는 그동안 공부한 것이 너무 아까웠다.

"이런……."

평소보다 일찍 일어난 홍 대리는 욕실의 거울 앞에 섰다. 눈이 빨갛게 충혈되어 있었다. 지난밤 이런 저런 생각에 잠을 설쳤던 탓이다. 사무실로 출근하는 동안 홍 대리는 빨리 어제의 나쁜 기억을 떨치고 싶었다. 지금까지 열심히 공부를 해오던 게 사소한 일 하나로 흔들리는 것도 싫었다.

사무실에 도착한 홍 대리는 컴퓨터를 켰다. 이른 시간이라 아무도 없었다. 개인 메일함을 열어보니 박 코치의 메일이 도착해 있었다.

메일의 첫마디가 홍 대리의 아픈 구석을 찌르는 것 같았다.

'그렇지. 짧은 지식이 오히려 독이 될 수도 있겠네.'

받은 편지함

| 답장 | 전체답장 | 전달 | X삭제 | 스팸신고 |

제 목 Your learning
받는이 홍대리
보낸이 박코치

A little learning is a dangerous thing.

마치 득도의 문 앞에서 마음의 작은 파장 때문에 수행을 포기한 도인 같더군. 실망스러웠지만 한 편으로는 이해가 돼. 지금까지 부끄러움은 견딜 수 있었지만 자존심에 상처를 입는 것은 참기 힘들었겠지.

9. 배경지식을 쌓아라! 뉴스를 외워라!
- 총 200시간(하루 4시간/50일) → +900

짧은 지식으로 뭘 하겠다는 것만큼 위험한 것은 없지. 지난 미션에서 원활한 커뮤니케이션을 위해 문화를 이해하라고 했었지? 배경지식도 마찬가지야. 수많은 영어단어를 안다고 하더라도 그 의미와 배경을 모른다면 제대로 전달하지 못하는 법! 이제는 단순한 영어공부가 아니라 다양한 방면의 이야기도 할 수 있도록 자기계발 또한 충실히 해야 할 때야.

박 코치는 홍 대리의 행동에 대해 대충 눈치를 챈 것 같았다. 메일을 다 읽고 나니 어제의 행동이 더욱 후회스러웠다. 실수에 대응하는 자신의 행동이 성숙하지 못했던 것에 대한 후회였다.

홍 대리는 메일을 한 번 더 읽은 후 자리에서 일어나 창가로 향했다. 분주한 하루의 시작을 알리며 빌딩 숲으로 사람들이 몰려들고 있었다. 어느새 가벼워진 사람들의 옷차림은 봄의 생동감을 보여주는 듯했다.

"이봐! 미국 쪽에서 뭔가 불만이 있는 것 같은데 어떻게 된 거야?"

"그게, 이쪽에서 보낸 서류에서 문제가 있다고 하는 것 같던데……."

늦봄의 서울은 이미 더위가 시작되고 있었다. 미국에서 바이어가 오기로 한 날짜가 얼마 남지 남았다. 그래서 제품 생산 공정 정보와 방문 일정 등을 주고받고 있었는데 문제가 생긴 것이다. 미국 측은 리스크 관리에 대해 질문해왔다. 그런데 그들이 요구하는 것이 너무 방대했다.

"아니, 청소용 로봇을 거래하는데 무슨 상황 분석이니, 대만 측 업체들에 대한 의견 제출이니 하는 거야?"

왕고수 팀장은 미국에서 보낸 메일을 읽어보더니 투덜댔다. 그러나 홍 대리는 생각이 달랐다. 최근 시장은 하루가 다르게 변화하고 있었다. 그럼에도 ez&space는 제품의 품질과 기술력만 믿고 있었다. 그런데 미국 쪽에서 갑자기 대만을 들고 나온 것이다. 홍 대리는 얼마 전에 스크랩해둔 기사가 생각났다. CNN의 보도였는데, 유럽에서의 로봇산업에 대한 심층 보도였다. 마침 자신의 업무와 관련 있는 정보라 스크립트를 외우고 내용을 따로 요약해두었다.

"저, 팀장님. 너무 걱정하지 않으셔도 될 것 같은데요?"

"무슨 소리야? 메일의 뉘앙스가 마치 방문을 아니, 계약 자체를 연기할 수 있다는 말이잖아. 우리 제품의 경쟁력이 어쩌니 하면서 말이야."

"한 번 떠보는 것 같은데요?"

"떠보다니? 뭘?"

"이제 최종계약을 눈앞에 두고 있으니 가격조정을 해보겠다는 심산인 것 같다는 말이죠. 사실 제가……."

홍 대리는 그동안 대만의 로봇 관련 기사와 보도를 스크랩한 것을 바탕으로 보고를 했다. 대만의 청소용 로봇이 기지개를 켜고 있지만 아직 ez&space의 경쟁상대가 되기엔 모자라다는 판단을 이야기했다. 홍 대리는 외신 보도를 바탕으로 제품의 필드 테스트에서 일어난 사고경과와 또 높은 생산단가 때문에 가격경쟁력에서도 아직까지 ez&space의 우월성이 유지된다는 보고서를 만들었다.

홍 대리가 보고서를 만들어 보내고 며칠이 지난 후, 왕고수 팀장이 사장실에서 나와 홍 대리를 찾았다.

"홍 대리, 언제 이런 것까지 알고 있었던 거야?"

"하하, 요즘 하는 공부가 뉴스거든요. 우리나라의 영자신문이 아니라 직접 외신 사이트에 들어가서 공부를 하는데, 아무래도 제가 하는 일과 관련된 쪽으로 계속 살피고 있었죠."

"그래? 하여튼 다행이야. 사장님도 보고서에 만족하셨고, 또 미국에서도 우리의 보고서를 보고 군말 없이 예정된 일정대로 진행하기로 했으니 말이야."

홍 대리는 만족스러웠다. 지난 50일 동안 매일 하루에 2분 정도 분량의 뉴스 한 개씩을 보고 있었다. 미드 공부를 할 때처럼 스크립트를 외우고 혼자서 내용을 요약해 다른 사람에게 이야기하듯 설명하는 훈련을 계속해온 것이다. 처음에는 박 코치의 카페에서 자료를 찾았지만 어느 정도 탄력이 붙자 아예 영어권 뉴스 사이트를 돌아다니며 공부를 했다. 배경지식을 쌓기 위해 다방면의 뉴스를 접하기도 했지만 특별히 관심이 가는 분야는 더 신경 써서 챙겼다.

"정말 대단한 내공이십니다."

고만해가 존경의 눈빛으로 홍 대리를 바라보자 황금빛을 비롯한 다른 직원들이 사무실 곳곳에서 홍 대리를 칭찬했다.

"근데 말이야. 아직 안심을 하고 있을 때는 아닌 것 같아."

"그게 무슨 말씀이세요? 팀장님."

왕고수 팀장은 이번에 빅애플의 문제제기가 왠지 이상하다고 했다. 그동안 간간히 업무연락만 하다가 방문을 얼마 남겨 두지 않고 외부적인 환경과 잘 알려지지 않은 리스크 관리 방안에 대해 묻는다는 게 심상치 않다는 것이었다.

"아무래도 사장님께선 최근에 회사기밀이 빠져나가고 있다고 여기시는 것 같아. 아까 사장님과 회의를 할 때 IT 팀장도 함께 있었어. 직원들의 이메일 기록 등을 보고하는데 뭔가 실마리를 잡은 것 같아."

홍 대리는 회사 분위기가 급박하게 돌아가고 있다는 것을 알 수 있었다. 그리고 왕고수 팀장은 굳이 누구라고 말하지 않았지만 기밀유출의 진원지로 최막강 팀장을 지목하는 것 같았다. 홍 대리는 이메일 기록을 통해 뭔가 물증을 확보했다면 자신이 들은 최막강 팀장의 전화통화 내용과 대조할 수도 있겠다는 생각에 왕고수 팀장에게 모든 것을 말했다.

"뭐야? 그랬단 말이지. 역시……."

왕고수 팀장은 잠시 생각을 정리하는 것 같더니 자리에서 일어나 본부장에게로 갔다.

미션10. 영어로 싸워서 이겨라!

1,000시간 영어 훈련도 거의 막바지에 다다르고 있었다. 황금빛과 함께 아이스크림을 먹으며 오후의 더위를 식히고 있던 홍 대리는 이제 100시간밖에 남지 않았다는 사실이 믿기지 않는다며 말했다.

"지난 시간들을 되돌아보면 어떻게 그 훈련들을 해왔는지 모르겠어. 무엇보다도 내 모든 생활을 거의 훈련에 맞추었다는 게 믿기지가 않아."

"네게 주어진 시간이 짧았으니 오히려 더 집중할 수 있었던 것 같아."

"그러게. 이제 얼마 안 남았으니 끝까지 힘을 내야지!"

홍 대리는 두 팔을 하늘로 쭉 뻗으며 기합을 넣었다.

사무실에 들어온 홍 대리는 자리에 앉아 다시 업무에 몰두했다. 그때 메일 알림음이 울리고 새로운 미션이 도착했다. 드디어 마지막 과제가 온 것이다.

'Are you ready to change your life?'

'인생의 변화를 받아들일 준비를 하라고?'

마지막 미션의 제목치곤 좀 이상하다는 생각이 들었다. 오히려 첫 번째 미션을 시작할 때나 어울리는 메시지로 보였다.

'이 형님이 또 무슨 예상치도 못한 미션을 보내셨기에 제목부터 심상치가 않은 거지?'

홍 대리는 공부를 시작하면서 받았던 1,000시간 영어 훈련법의 마지막 미션 제목을 기억해냈다. '영어로 싸워서 이겨라!'란 미션 제목이었다.

"대화를 잘하라는 그런 뜻인가? 하긴 지금까지 말하고 듣는 것에 익숙해졌으니 아마도 좀 더 차원 높은 토론을 하라는 이야긴가?"

홍 대리는 혼잣말로 중얼거리며 메일의 본문을 클릭했다.

받은 편지함

| 답장 | 전체답장 | 전달 | X삭제 | 스팸신고 |

제 목 Are you ready to change your life?
받는이 홍대리
보낸이 박코치

Are you ready to change your life?

얼마 전에 나한테 해준 미국 쪽과의 이야기를 다시 떠올려보니 대견하더군. 그동안 영어만 공부한 게 아니란 것을 확실히 알 수 있었어. 영어를 안다는 게 단순히 어휘를 많이 안다는 것이 아니란 것을 스스로도 느꼈을 거야.

10. 영어로 싸워서 이겨라!
- 총 100시간(하루 4시간/25일) → +1,000

마지막 미션! 마라톤에서도 결승점을 앞둔 구간이 가장 힘들다고 하지. 이제 종착역에 도착하기까지가 얼마 남지 않았지만 제일 힘든 순간을 맞이하고 있어.
마지막 미션은 "외국인과 말싸움을 해서 이겨라!"야. 지금까지의 대화가 그저 가벼운 것이었다면 마지막 미션은 '논리'로 상대를 이겨야 돼. 이것은 한 달 뒤에 맞이해야 할 바이어와의 실전토론을 위해서도 꼭 필요한 과정이지. 그럼 유종의 미를 잘 거두길!

홍 대리는 '말싸움을 해서 이겨라'는 대목에서 저도 모르게 웃음이 나왔다. 황금빛에게 이 미션을 메일로 포워딩해주었다.

 이게 뭐야?

황금빛도 의아한 듯 문자가 날아왔다.

홍 대리는 퇴근하고 난 뒤에 다시 이야기하자며 다시 업무에 몰두했다.

퇴근길에 두 사람은 식사를 하며 마지막 미션에 대해서 이야기를 나누었다.

"오빠가 너무 심하게 훈련시키는 거 아냐? 나도 이렇게까지는 안 했는데."

황금빛이 걱정스런 투로 말을 했다.

"하하, 네가 봐도 좀 그렇지?"

황금빛의 걱정스런 얼굴과는 달리 홍 대리는 조금은 여유 있는 목소리였다.

"넌 아무렇지도 않나 봐. 웃는 걸 보니 말이야. 아니, 지난번에 외국인을 무조건 만나서 대화하라고 할 때도 강도로 오해받은 적이 있는데 이젠 말싸움까지 해야 해?"

황금빛은 도통 이해가 되지 않는다는 표정을 지었다. 그런데도 홍 대리는 느긋한 표정으로 황금빛을 바라보았다.

"뭐 지금까지 한 것도 만만치는 않았어. 내 생활패턴도 바꿔야 했고, 또 낯선 환경이나 사람들 앞에서 별 짓을 다해야 했잖아."

홍 대리는 마지막 미션이 다소 황당하긴 했지만 두렵지는 않았다. 영어를 언어로 받아들이기 위해서는 반드시 필요한 과정이라는 생각도 들었다. 일상에서 누군가와 싸워야 할 일은 얼마든지 있으니 말이다.

"네가 그렇게 긍정적이라면 다행이네. 그런데 잘 할 수 있겠어?"

"물론 처음엔 힘들어 하겠지. 그래도 거의 한 달 동안 평균 하루 네 시간씩 말싸움을 하는데 실력도 그만큼 늘지 않겠어? 그나저나 어디서 누구랑 말싸움을 겨뤄보나?"

"그러게 말이야. 호호."

둘은 머리를 맞대고 어떻게 해야 할지를 논의했다. 홍 대리는 일단 주제를 정해야겠다며 가방에서 수첩을 꺼냈다.

"굳이 미국사람만 상대할 필요는 없을 것 같아. 우리나라에 온 외국인들 중에서 영어를 할 줄 안다면 국적과 상관없이 이야기를 나누는 거야. 그리고 그 사람의 국적에 따른 민감한 주제를 건드려보는 건 어때?"

"그거 괜찮네. 그래서 어떻게 할 건데?"

"음, 예를 들어 프랑스 사람을 만나면 개고기에 대해서 이야기하고, 미국인을 만나면 이라크 침공에 대해서 이야기하는 거야. 어때?"

"야, 홍대강, 많이 컸다. 이제 정말 혼자서 모든 걸 다 하네."

두 사람은 좀 더 구체적으로 주제를 뽑기 시작했다. 그리고 인터넷 커뮤니티나 주변 친구들이 알고 지내는 외국인들을 소개받기로 했다.

처음 외국인과 말싸움을 할 때는 '무조건 이기고 보자'는 기세로 덤벼들었다. 그러다보니 홍 대리 스스로도 억지스럽게 논쟁을 이어가고 있다는 느낌이 들 정도였다. 결국 자신의 논리에 대한 배경지식이 얕은 게 그 이유였다. 홍 대리는 새삼스럽게 배경지식의 중요함을 절감했다.

'뭘 알아야 말로 이기지. 개고기 이야기하다가 괜히 무식하다는 이야기까지 들었네. 쩝.'

한 프랑스 여자와 개고기를 먹는 것에 대해 토론을 벌이다가 홍 대리는 무안을 당했다. 단순히 '너네는 달팽이도 먹지 않느냐'는 식의 반론은 씨도 먹히지 않았던 것이다. 오히려 상대가 동서양의 음식문화와 정서를 이야기할 때는 토론이 아니라 숫제 강의를 듣는 신세가 돼버렸던 것이다.

다음에 만날 사람은 그동안 지하철역에서 봤던 곱슬머리 외국인, 샘이었다. 예전에 인사를 나누며 명함을 교환했던 터라 자연스레 연락하는 사이가 되었다. 샘은 우리나라의 어느 전자

회사에서 엔지니어로 일하고 있었는데, 홍 대리가 로봇을 만드는 회사에 다닌다는 말에 친근함을 보였다.

홍 대리는 샘과 '이라크 침공'에 대해 토론을 하기로 했다. 홍 대리는 이번만큼은 절대 질 수 없다는 생각에 준비를 철저히 했다. 인터넷을 통해 관련 자료를 스크랩하는 것은 물론이고, 다시보기 등을 통해 시사토론 프로그램도 섭렵했다. 또 수집한 자료를 다시 자신의 주장에 맞게끔 정리까지 하니 나름대로 논리성도 생겼다.

"음! 이 정도면 충분히 싸울 수 있겠군. 근데 좋은 친구 같던데 말싸움을 하다가 자칫 오해를 하면 어떡하지?"

괜한 걱정거리가 생긴 홍 대리는 가급적 자극적인 언사는 쓰지 않고 논리성으로 이겨야겠다는 마음으로 평일 저녁 퇴근 후에 카페에서 샘을 만났다.

"Sam, you are saying America is a victim, but I don't think you are right considering what America has done in Middle East and to the Third World countries. 샘, 지금까지 한 이야기는 미국은 피해자라는 주장 하나 뿐인데 그건 아니라고 봐. 미안한 이야기지만 미국 역시 그동안 중동이나 제3세계에서 했던 일을 생각하면 일방적인 피해자라고 볼 수만은 없거든."

샘이 줄곧 9.11 테러를 이야기하며 미국의 피해만을 강조하자 홍 대리는 중동에서 미국이 했던 일과 현재 이라크에서 일어난 반인권적인 미군의 범죄까지 언급하며 실제 사건 등을

CNN 뉴스보도를 근거로 반박했다. 한참을 토론하다가 샘은 두 손을 들며 졌다는 신호를 보냈다.

  홍 대리는 내심 쾌재를 불렀다. 그러나 상대방이 불쾌하게 여길까봐 내색은 하지 않고 이야기의 결론을 가볍게 마무리 지었다. 그 뒤부터 홍 대리는 어느 누구와 말싸움이 붙어도 호락호락 당하지 않았다. 뿐만 아니라 미국인 바이어가 와도 충분히 공략할 수 있다는 자신감을 확인할 수 있었다.

홍 대리, 영어로 새로운 세상을 열다

 드디어 미국에서 바이어가 왔다. 한여름의 열기만큼이나 사무실 분위기도 예사롭지 않았다. 경영진까지 직접 프레젠테이션을 점검했고, 예정된 한 달 동안 바이어가 있을 사무실 공간을 다시 체크하는 등 부산한 아침이었다.
 홍 대리는 왕고수 팀장과 함께 인천국제공항으로 출발했다. 공항까지 가는 길은 시원하게 잘 뚫려 있었다.
 "어때? 긴장되지? 나도 마찬가지야. 오늘부터 한 달 동안 회사의 운명이 달려 있다고 해도 과언이 아니니까 말이야."
 "네. 생각보다 많이 긴장되네요. 첫 만남부터 깔끔한 인상을 줘야 할 텐데……."
 두 사람은 공항에 도착해서 바이어를 기다렸다. 미리 인적사

항과 사진을 전송받았고 혹시나 해서 피켓까지 준비해갔다. 미국에서 들어오는 비행기의 승객들이 입국절차를 끝내고 나오자 두 사람은 약속이나 한듯 고개를 쭉 내밀고 승객들을 살피기 시작했다. 5분쯤 흘렀을 때 30대로 보이는 한 외국인 여성이 두 사람에게 다가왔다.

"Mr. Wang? 미스터 왕?"

"Yes, I am. Welcome to Korea! 네, 잘 오셨어요."

사진만 봤을 때도 상당한 미인이었지만 실제로 보니 늘씬한 팔등신 미녀였다. 홍 대리가 자신의 소개를 하며 목례를 하자 바이어는 손을 내밀어 악수를 청했다.

"Nice to meet you. I'm Jessica. 반가워요. 전 제시카에요."

세 사람은 왕고수 팀장의 차를 타고 일단 숙소부터 들렀다. 먼 여정이라 첫날엔 휴식을 취하기로 일정을 잡았기 때문이다. 그런데 제시카는 가방을 호텔에 내려놓더니 곧바로 회사로 가고 싶다고 했다.

"You must be tired from the long trip, take a rest today. Schedule will start from tomorrow……. 먼 길 오시느라 피곤하실 텐데 오늘은 쉬시죠. 일정은 내일부터……."

"No. I may not be able to sleep easily because of the time difference, so let's just drop by the office and talk about business briefly right now. 아니에요. 어차피 시차 때문에 쉽게 잠

이 오질 않을 것 같네요. 회사에 들러 간단하게라도 업무에 관해 이야기를 듣는 게 좋겠어요."

제시카의 당찬 표정에 두 사람은 급히 회사에 연락하고 차를 몰아 회사로 향했다.

회의실에선 사장을 비롯한 경영진이 기다리고 있었다. 서로 간단하게 인사를 나눈 다음 곧바로 준비된 프레젠테이션을 시작했다. 프리젠터는 이번 프로젝트의 책임자인 홍 대리였다. 프레젠테이션이 끝나자 제시카는 기다렸다는 듯이 이것저것 질문을 하기 시작했다.

"Then, you mean you can send us the production we order on time? 그럼 우리가 주문할 수 있는 생산량을 납기 내에 보내줄 수 있다는 건가요?"

"Yes, if you see our production capacity, you will know there is no problem meeting the deadline. 그렇습니다. 내일 저희 회사의 생산라인을 보시면 아시겠지만 일정을 맞추는 데는 문제가 없습니다."

"The Taiwanese product that we inquired last time was good, but I think the Japanese or reasonably priced Chinese products might have their own merit also. 지난번에 우리가 질의했던 대만 쪽 제품도 그렇지만 최근 일본이나 값싼 중국 제품의 경쟁력도 만만치 않던데……"

홍 대리는 여전히 ez&space의 가격 대비 제품력과 소비자 만족도에서 월등히 높은 위치라는 것을 강조했다. 제시카는 홍 대리가 어떤 질문에도 막힘없이 이야기를 하는 것에 대해 만족스러운 표정으로 바라보았다. 주위에선 제시카의 이런 반응을 눈치 채지 못했지만 홍 대리는 유독 자신에게만 집중하는 제시카의 눈길이 부담스러웠다.

"Good, it seems enough for us to call it a day. Shall we follow the schedule from tomorrow? 좋아요. 일단 오늘은 여기까지 해도 될 것 같네요. 내일부터 일정대로 움직이면 되죠?"

"That's right, You've already seen your hotel and your office. The schedule is going to start from tomorrow as we talked about. 네, 한 달 동안 체류하실 숙소는 이미 보셨고, 사무실도 마련했습니다. 일정은 말씀하신 대로 내일부터 본격적으로 진행됩니다."

회의를 마치자 제시카는 다시 숙소로 돌아가고 홍 대리는 왕고수 팀장과 늦은 점심을 함께 먹었다.

"잘했어! 이제 완전히 능숙한 수준에 올랐네. 어떻게 그렇게 잘 해?"

"잘하긴요. 다만 며칠 전부터 미리 예상 질문을 뽑아서 자료를 만들어놨죠."

"그럼 이번에도 시나리오를 외운 거야?"

"에이, 아니죠. 답변할 수 있는 자료를 준비했다는 거죠. 몇몇 질문은 저도 예상치 못한 건데 운 좋게 대답을 잘한 거예요."

말은 그렇게 했지만 내심 홍 대리는 자신만만했다. 준비하는 자에게 기회가 온다는 말이 거짓이 아님을 실감하는 듯했다. 앞으로 한 달 동안 자신이 얼마나 하느냐에 따라 계약은 물론, 회사 내에서 왕고수 팀장과 함께 탄탄한 입지를 다질 수 있다는 것을 알기에 각오를 다시 다졌다.

제시카가 도착하고 3주가 지난 주말이었다. 제시카는 주말동안 딱히 할 게 없다며 홍 대리에게 서울 관광안내를 부탁했다. 홍 대리는 최적의 동선을 짜고 제시카에게 설명해줄 정보들을 준비했다. 뙤약볕이 내려쬐는 무더위에도 불구하고 제시카는 인사동의 골목길을 흥미롭다는 표정으로 돌아다녔다. 홍 대리는 전문 관광가이드마냥 제시카에게 고미술품이나 골동품 등을 설명해주었다. 외국인 30명을 만나는 동안 인사동에도 많이 왔었다. 주위를 구경하는 외국인들에게 다가가 이것저것 설명하면서 영어실력을 쌓았던 게 오늘 빛을 발하고 있었다.

"Isn't it so hot? Would you like to have a glass of cold tea? Is Korean tea okay for you? 너무 덥죠? 시원한 차 한 잔 하시죠? 한국 차도 괜찮으신가요?"

"Okay for me. I do enjoy tea instead of coffee, so I've

tried many kinds of tea from Europe and India. 괜찮아요. 원래 커피 대신 차를 즐기는 편이라 유럽이나 인도 쪽의 차도 많이 마셔봤어요."

두 사람은 전통찻집으로 들어갔다. 날씨가 더운 탓에 따뜻한 차보다 시원한 수정과를 주문했다.

"It's an extraordinary taste! I am so amazed that Korea is much richer in history than I thought. 음, 정말 별미네요. 한국은 생각했던 것 이상으로 문화에 깊은 맛이 느껴져서 좋군요."

제시카는 수정과에 띄워진 곶감과 잣에 흥미를 보였다.

"That's right. There is a rich history in Korean culture as far as I know, even though young people these days don't know about it. The young folks like Coke better than Sujeonggwa and they go to a cafe more than a Korean traditional teahouse. 맞아요. 한국의 문화는 알면 알수록 깊은 맛이 있는데 요즘 젊은 사람들은 그걸 잘 모르죠. 이런 수정과보다는 콜라를 더 좋아하고, 또 전통찻집보다 커피전문점을 많이 찾죠."

제시카는 업무와 관련 없는 이야기를 주로 물었다. 대부분이 한국문화와 사회, 그리고 사람들에 대한 것이었다. 홍 대리는 자신이 아는 범위 내에서 최대한 성의껏 설명을 해주었다. 아주 능숙하지는 않지만 정확한 의미 전달은 할 수 있는 수준이었다.

"You speak English very well. Your pronunciation has

New York Accent. Would you tell me where you learned English? Have you ever lived in New York? 영어를 꽤 잘 하시는군요. 발음이 뉴욕 쪽 발음이신데 혹시 어디서 배우셨나요? 뉴욕에서 사신 적이 있었던 건가요?"

"No. I have never been to New York. I studied with the help of some people in Korea. My pronunciation is…… maybe it's because I saw many American dramas like Friends, you know, many New Yorkers in it. 아뇨. 미국에 가본 적은 없습니다. 몇몇 분의 도움을 받아 혼자 공부했죠. 미국드라마를 많이 봤는데 프렌즈처럼 뉴요커들이 나오는 걸 많이 봐서 발음이 비슷한 게 아닌가 싶어요."

"Really? Your pronunciation and content of conversation are remarkable. I think there won't be any problem communicating with you. But um……. 아, 그래요? 그런데도 발음이나 대화내용이 상당하네요. 앞으로 같이 일하면서 커뮤니케이션은 문제가 없겠네요. 근데……."

"Pardon? Is there anything you want to say? 예? 무슨 하실 말씀이 더 있으신가요?"

"Never mind. At first, you looked a little tense and tried to finish early when you made presentation, but you look totally different now. 아, 아니에요. 처음 프레젠테이션을 할 때만 하더라도 뭐랄까, 좀 경직되고 빨리 끝내려 하던 모습이었는데 지금 보니 너무 달라서요."

순간 홍 대리는 뜨끔했다. 처음 프레젠테이션을 할 때 시나리오를 줄줄이 외워서 했던 것이 생각나자 당황스러웠던 것이다.

"Well, at that time, my English was not as good and my condition was not fine either. 그땐 지금보다 영어실력이 좋지 않았던 것도 있었고, 컨디션도 별로 좋지 않아서……."

홍 대리는 얼굴이 화끈거려 빨리 얼버무리려 했다. 그런데 제시카가 뜻밖의 이야기를 꺼냈다.

"Honestly, I did point you out as my partner, Mr. Hong. 사실은 홍 대리를 파트너로 지목한 게 저예요."

"Really? Jessica? You did? 네? 제시카 씨가요?"

홍 대리는 깜짝 놀랐다.

"Yes, it's me. Ho-ho. At that time, I attended in the video conference presentation but it was unnatural for some reasons. Somebody interfered during the course and managed to finish the presentation, but I was still skeptical about Mr. Hong's ability. 네. 저예요. 호호. 저도 그때 화상 프레젠테이션에 참석했었죠. 그런데 그날 홍 대리님의 행동과 말이 왠지 부자연스럽더군요. 중간에 누군가 대신 끼어들어 프레젠테이션이 무사히 끝나긴 했지만 전 여전히 의심스러웠어요."

"Did you feel……doubtful? 의심…… 스러웠다구요?"

홍 대리는 마른침을 삼키며 물었다.

"Mr. Hong seemed to be uneasy and lack in confidence, and also you acted unnaturally as if you were hiding something. Though company, ez&space, is worthy company according to our research, we had doubts about the company from Mr. Hong's activities in that day." 네. 어색하고 자신감이 없어 보이는 것은 둘째치고라도 무언가를 숨기고 있는 것처럼 행동이 부자연스러웠어요. 우리가 미리 알아본 ez&space는 여러모로 신뢰할 수 있는 회사란 평가였지만 그날 홍 대리님의 행동을 보고 다시 그 신뢰에 의심을 갖게 된 거죠."

홍 대리는 아찔했다. 지금까지도 그날의 프레젠테이션에 대해 미국 측이 의심을 하리라곤 생각지도 못했다. 그런데 그게 아니었다. 이것은 홍 대리 개인의 문제가 아니라 자칫하면 회사에도 큰 누를 끼칠 뻔한 일이었다.

"As a result, we decided to meet the people of ez&space on the spot and see whether to trust them or not. It was a necessary action to check the ez&space because the contract fee was not small. We assumed that we're able to find out more about the company by working with you Mr. Hong who showed a strange behavior." 그래서 저희들끼리 회의를 한 결과 직접 실사를 나가서 믿을 수 있는 사람들인지 확인해보자고 한 거죠. 계약금액도 만만치 않은 터라 반드시 확인해야 했거든요. 특히 의심을 살만한 행동을 보인 홍 대리를 파트너로 삼아 동행하면 더 진실을 알 수 있을 거란 판단이었죠."

"Then, if I was……. 그럼, 만약에 제가……."

"Frankly, we had a plan to go to Japan if you didn't

give a trust worthy impression to us. As you know, there was a negative rumor about ez&space in a few months that came from the competitions in Taiwan. I appreciate if you can understand that we need to check ez&space thoroughly at that time. However, we canceled the plan to visit in Japan because we were able to trust Mr. Hong now. 만약에 우리의 부정적인 예측이 맞았다면 곧바로 일본으로 갈 계획이었죠. 사실 몇 달 전부터 ez&space에 대해 안 좋은 소문이 업계에 돌았어요. 알고 보니 대만 쪽 업체에서 퍼트린 루머였어요. 이래저래 우리 입장에서는 실제 ez&space에 대해 확실히 짚고 넘어가야 했죠. 그러나 일본 방문 건은 지난주에 이미 취소했어요. 제 눈으로 직접 모든 것을 확인할 수 있었으니까요."

제시카는 너무나 훌륭하게 자신을 안내해준 홍 대리에게 다시 한 번 감사한다는 말을 전했다.

제시카가 미국으로 돌아가는 날, 홍 대리는 공항까지 그녀를 배웅 나갔다. 제시카는 홍 대리에게 악수를 청하며 노력한 만큼의 결과가 기다릴 것이라고 말해주었다. 홍 대리는 그저 열심히 하라는 격려의 인사쯤으로 생각하고 별달리 그 말을 마음에 두지 않았다.

"홍 대리. 잠깐 나 좀 봐."

제시카와 작별의 인사를 나누고 회사로 돌아온 홍 대리를 왕고수 팀장이 불렀다.

"홍 대리가 새로 만들어지는 해외마케팅팀의 팀장으로 발령 났으니 모두들 축하해줍시다. 홍 대리, 아니 홍 팀장! 축하해!"

여기저기서 박수와 환호가 쏟아져 나왔다. 왕고수 팀장은 홍 대리에게 악수를 청하며 축하해주었다. 제시카가 돌아간 뒤에 사장이 이번 프로젝트를 기점으로 더욱 공격적인 해외수출을 할 수 있도록 조직개편을 하면서 홍 대리를 팀장으로 발령 낸 것이다.

"수고했어. 지난 한 달 동안 일을 잘해낸 공로야. 아니지. 수고로 친다면 지난 반년 동안 고생한 게 더 크겠지? 하하!"

왕고수 팀장은 진심으로 기뻐하며 홍 대리의 등을 두드려 주었다. 고만해 역시 자신의 사수가 승승장구한다며 좋아했. 홍 대리는 자신을 둘러싼 사람들에게 일일이 고맙다고 인사를 했다. 저만치 서있던 황금빛이 낮은 소리로 파이팅을 외쳤다. 사람들이 각자의 자리로 돌아가자 고만해가 옆에 와서 뭔가 들뜬 목소리로 홍 대리에게 말했다.

"근데 최막강 팀장님 소식은 들었어요?"

"최 팀장님? 얼마 전부터 휴가 내고 쉬고 계시잖아?"

고만해는 눈을 동그랗게 뜨며 속보를 전하듯 빠르게 말했다.

"휴가는 무슨 휴가예요. 그 양반이 회사기밀을 대만 업체에 빼돌렸다던데요? 그동안 회사에서 이메일 기록을 샅샅이 뒤지다가 알아냈다는 거예요. 그리고 누가 최 팀장이 대만 쪽과 전화통화하는 것을 듣고 제보하는 바람에 들통 났대요."

고만해는 신이 나서 떠들었다. 최막강 팀장이 없는 상황에서 마케팅팀이 해외마케팅팀으로 재편됐으니 홍 대리가 팀장이 된 것이 아니냐며 좋아했다.

"정말 잘 됐죠? 만약에 마케팅팀이 프로젝트를 맡았더라면 완전히 우리가 닭 쫓던 개 지붕 쳐다보는 꼴이 됐을 텐데……."

"고만해 씨! 제발 고만 좀 해. 같은 회사의 팀끼리 업무조정 때문에 조직개편을 한 건데 누가 좋고, 또 누가 손해란 말이야? 쓸데없는 소리 하지 말고 일이나 열심히 하시지!"

홍 대리는 고만해에게 주의를 주었다. 하지만 자신이 왕고수 팀장에게 했던 말이 결정적인 제보가 되어 최막강 팀장이 사라지게 됐다는 생각이 들자 기분이 묘했다.

"아직 시간이 좀 남았지?"

"응, 강의 마치려면 10분 정도 남았어."

퇴근 후 홍 대리와 황금빛은 박 코치를 만나기 위해 학원으로 가고 있었다.

"근데 너도 최 팀장 이야기 들었어? 거참, 어떻게 그렇게까지 됐을까?"

"응, 나도 듣긴 들었어. 마당발인 강 대리가 그러는데 회사에서 본격적으로 책임을 추궁하기 전에 눈치를 챘대. IT팀의 임 팀장과 술을 먹는데 그만 임 팀장이 이메일 조회사실을 이야기해버렸다는 거야. 그래서 최 팀장이 눈치를 채고 잠적했다지 아마?"

홍 대리는 말없이 고개를 끄덕였다. 제대로 올바르게 승부를 거는 게 아니라 항상 남의 약점과 기회를 빼앗으려 한 최막강 팀장이었다. 최막강 팀장 정도까지는 아니었지만 자신도 반년 전까지만 하더라도 정도와 원칙보다 요령만 찾았다고 생각하니 괜스레 씁쓸한 웃음이 나왔다.

"왜 웃어? 최막강 팀장이 사라진 게 그렇게 좋아?"

"그게 무슨 소리야? 아냐. 딴 생각 좀 하느라고 웃었어. 어, 근데 다 왔네. 들어가자."

두 사람은 학원건물 안으로 들어갔다. 마침 박 코치가 강의 중이라 두 사람은 강의실 문을 살짝 열고는 강의실 구석에 자리를 잡고 앉았다. 박 코치는 그 특유의 여유로운 모습으로 수강생들에게 강의를 하고 있었다. 그의 열정만큼이나 강의실 안은 수강생들의 열기로 가득했다.

"축하해. 좀 전에 금빛이한테 이야기 다 들었어."

강의가 끝나자 박 코치는 홍 대리를 향해 악수를 청하며 다가왔다.

"고맙습니다. 형님. 이게 다 형님 덕분입니다."

홍 대리는 진심으로 박 코치에게 감사했다.

"내가 한 게 뭐 있어? 묵묵히 미션을 수행해서 좋은 결과를 만들어낸 네 노력 덕분이지. 그나저나 어디 가서 차나 한 잔 할까?"

세 사람은 학원 근처 카페에 들렀다.

"그래 어때? 지금 너의 모습이 마음에 들어?"

"물론 만족스럽습니다. 하지만 진정한 프로로 거듭나기 위해서는 절대 멈추지 말아야 한다는 것을 알기에 마냥 만족하고 있을 수만은 없죠. 그런데 한 가지 확실한 건 이제는 뭘 해도 잘 해낼 수 있으리라는 자신감이 생겼다는 겁니다. 하하."

정말 그랬다. 지난 6개월간의 훈련을 통해 홍 대리는 영어에 대한 자신감뿐만 아니라 모든 일에 대한 자신감을 얻었다고 해도 과언이 아니었다.

"그래. 그렇게 자신감을 갖는 것이 성공을 이룰 수 있는 역량의 가장 기본이지."

박 코치는 대견하다는 표정으로 홍 대리를 쳐다봤다.

"그동안의 제가 수동적인 인간이었다면 이번 기회에 전 능동적인 인간으로 바뀐 것 같습니다."

박 코치는 미소를 머금고 홍 대리와 황금빛을 바라보았다.

박 코치와 헤어진 후 홍 대리는 황금빛과 함께 순환버스를 탔다. 지난 6개월 동안 쉬고 싶다는 생각이 날 때마다 올라탔던 버스였다. 물론 그때마다 휴식보다 더한 무언가를 찾게 해준 곳이었다.

"이제 내가 나에게 메시지를 보낼 차례야."

홍 대리는 가방에서 스케줄 수첩을 꺼내들었다. 그리고는 무언가를 적기 시작했다.

"네가 너한테 보내는 메시지?"

황금빛은 무슨 말인지 잘 모르겠다는 듯 고개를 갸웃거리며 수첩을 들여다보았다.

"응, 'I will prepare, and someday my chance will come.' 이제 더 이상 나태한 나는 없어. 난 늘 준비하며 살 거야. 그럼 또 다시 기회가 올 때 허둥지둥하지 않고 지금처럼 좋은 결과를 얻을 수 있지 않을까?"

황금빛은 대답 대신 환한 웃음을 지어 보였다. 노력의 대가는 쉽게 배신하지 않는다는 평범한 진리를 깨달은 홍 대리의 모습은 그 누구보다도 듬직해보였다.

박코치의 영어 훈련소
문장암기 훈련 요령

● 덩어리 암기

'문장암기'라고 하면 대부분 열심히, 그야말로 무식하게 외우는 것을 먼저 떠올린다. 하지만 여기에도 엄청나게 중요한 비밀이 숨겨져 있다. 바로 '덩어리'이다. 영어는 몇 개의 단어가 하나의 덩어리가 되어 발음되고 하나의 의미를 갖게 된다. 보통 10~15단어로 이루어진 긴 문장도 따져보면 네 덩어리를 넘지 않는데, 만약 이 영어문장을 단어단위로 끊어서 외운다면 거의 외우기가 불가능하다. 하지만 이를 3~4개의 의미단위, 즉 덩어리로 외우면 아주 쉽게 외울 수 있게 된다. 문장암기에서 가장 중요한 것은 강세와 리듬을 느끼고 덩어리를 만들면서 외워야 한다는 것이다.

예를 들어 먼저 이 숫자들을 외워보자. '325903852920' 아마 순간 외울 수는 있지만 금방 잊어버릴 것이다. 하지만 다음 숫자들을 외워보자. '325/903/852/920' 어떤가? 아마 외우기도 쉽고 기억도 훨씬 더 오래 갈 것이다. 즉 12개의 단어로 외우지 말고 4개의 덩어리로 외워야 한다. 이렇게 영어는 소리단위, 의미단위를 가지고 있다.

● **1번 읽기와 2번 읽기**

효과적인 문장암기 훈련을 위해서는 먼저 '1번 읽기'와 '2번 읽기'를 알아야 한다. 1번 읽기란 원어민이 발음하는 소리를 그대로 흉내 내어 따라 읽는 것이다. 아마 그동안 자신이 알고 있던 발음과 너무나 다를 뿐 아니라 비슷하게 흉내 내기조차 어려울 것이다. 그래도 최선을 다해 리듬을 흉내 내어야 한다. 바로 이것이 원어민들이 사용하는 진짜 발음이기 때문이다. 2번 읽기란 자신이 알던 대로 스크립트에 적힌 단어들을 모두 발음하며 외워나가는 것이다. 예를 들면, "What is your name?"을 1번으로 외우면 "와쳐넴?"이 될 것이고, 2번으로 외우면 "홧 이즈 유어 네임?"이 될 것이다.

● **스크립트는 언제까지 봐야 하는가?**

발음교정을 할 때는 반드시 1번 읽기로만 따라 읽어야 하며, 문장암기를 할 때는 가급적 1번 읽기로 외우되 너무 안 들려서 외우기 어려우면 그냥 2번 읽기로 외우도록 한다. 여기서 중요한 것은 언제까지 스크립트(자막)를 보면서 문장을 외워야 하느냐의 문제이다.

일단 2번 읽기로 외워질 때까지는 스크립트(자막)를 보고, 2번 읽기로 외워지면 절대 스크립트를 보아선 안 된다.

만약 너무 안 들리는 문장이 있다면 어떻게 해야 할까? 어떤 학생들은 안 들리기 때문에 자막을 본다고 하는데 그렇게 되면 앞으로도 계속 못 듣게 된다. 그렇기 때문에 2번 읽기로 외운 후에는 절대로 스크립트를 보아서는 안 된다.

만약 일주일 후 다시 외우려고 하는데 2번 읽기로 해도 다시 외워지지 않으면 어떻게 해야 할까? 이때는 다시 스크립트를 보아도 좋다.

명심하자! 스크립트는 약과 같다. 잘 쓰면 병을 고치지만 너무 많이 먹으면 약물과다 복용으로 죽을 수도 있다.

● **문장암기는 어느 정도까지 해야 하나?**

문장암기를 할 때 뉴스나 연설문 같은 경우 과거에 국기에 대한 맹세나 국민교육헌장을 외우듯 '쭈욱~ 달달~' 외워서는 안 된다. 한 문장을 듣고 그 문장을 외워낼 수 있는 정도면 문장암기가 된 것이다. 만약 한글자막도 있다면 이 한글자막을 보고 해당 영어문장을 외워낼 수 있을 정도면 된다. 하지만 이렇게 외웠다고 끝나는 것이 아니다. 이 문장을 3일 후, 일주일 후, 2개월 후, 6개월 후…… 이런 식으로 꾸준히 봐야 한다. 시트콤, 드라마, 영화 같은 경우엔 다음 대사가 뭔지 대충 알 수 있는 정도로 외워도 무방하다.

자료 이용은 이렇게
http://cafe.daum.net/parkcoach 에 들어가시면 더 많은 자료를 다운받으실 수 있습니다.

1. 자습용 프로그램 사용방법
① CD를 넣으면 자습용 프로그램이 뜹니다.
　(program.exe을 다운받아 설치하여 사용하시면 편리합니다.)
② 위쪽에 있는 화살표를 클릭하세요.

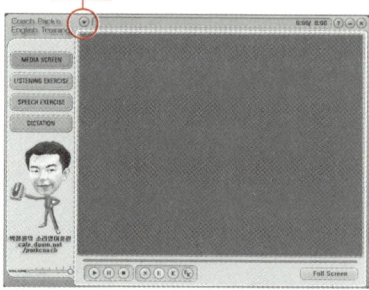

③ [열기]창이 나오면 '찾는 위치' 옆쪽 화살표를 눌러 'Hong_English'를 찾아갑니다.

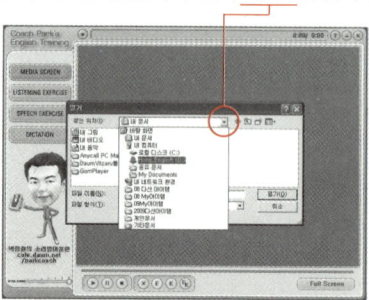

④ 'Hong_English'를 누르면 '동영상'과 '스크립트' 폴더가 있습니다. '동영상' 폴더를 눌러 원하시는 동영상을 클릭하세요.

2. 자습용 프로그램 활용
① MEDIA SCREEN 화면에서는 전체 화면이 나옵니다.
　밑에 있는 버튼을 통해 자막을 보거나 지울 수 있습니다.

② LISTENING EXERCISE에서는 화면과 자막을 동시에 볼 수 있는데, 보통 청취/말하기 훈련은 여기서 이루어집니다.
   – 문장 앞의 빈 부분을 클릭하면 해당 자막을 볼 수도 있고, 안 볼 수도 있습니다.
   – 문장을 클릭하면 클릭한 문장이 반복됩니다.
   – 오른쪽을 클릭하면 일시정지(Pause)가 됩니다.
   – 문장 맨 앞의 박스를 클릭하시고 해당 문장을 클릭하면 그 문장이 무한 반복됩니다.
   – 문장 맨 앞의 박스를 클릭하시고 왼쪽 상단에 repeat의 숫자를 클릭하면 해당 숫자만큼 반복됩니다.
   – 문장 앞쪽의 ⓧ 표시를 누르면 자막이 없어지고, ⓔ를 누르면 영어자막, ⓚ를 누르면 한글자막, ⓔⓚ를 누르면 영어와 한글 자막이 동시에 뜹니다.
③ SPEECH EXERCISE에서는 헤드셋을 이용하여 말하기 훈련을 할 수 있습니다. 자신의 목소리를 녹음하여 비교 청취할 수 있으므로 발음교정이 가능합니다.
④ DICTATION에서는 받아쓰기를 할 수 있습니다. 한 문장씩 끊어서 받아쓰고, 정답과 함께 해석을 확인할 수 있습니다.

3. 동영상 학습파일 및 스크립트

자습용 프로그램에서 혼자서 학습할 수 있는 다양한 동영상이 제공됩니다. 내컴퓨터에서 CD-ROM을 우클릭, 열기를 선택하여 각 동영상에 대한 스크립트(MS워드파일)를 참고하세요.

4. 박코치 온라인 동영상 강의

내컴퓨터에서 CD-ROM을 우클릭, 열기를 선택하면 박코치 온라인 동영상 강의 파일을 확인할 수 있습니다. 이 파일은 윈도우 미디어, 곰플레이어 등 대부분의 동영상 플레이어로 구동할 수 있습니다.

5. 1,000시간 스케줄표

내컴퓨터에서 CD-ROM을 우클릭, 열기를 선택하면 1,000시간 스케줄표(MS엑셀파일)를 보실 수 있습니다. 엑셀파일 각 쉬트별로 일별 훈련시간과 집중도를 적어넣고, 월간 진행상황을 한 눈에 확인할 수 있습니다. 각자 월별 훈련목표, 일별 훈련시간 등을 수정해서 자신의 목표에 맞추어 진행할 수 있도록 자신을 체크해봅시다.

5. 동영상이 보이지 않을 경우

내컴퓨터에서 CD-ROM을 우클릭, 열기를 선택하시면 klmcodec453.exe 실행파일이 있습니다. 이 코덱을 설치하시면 모든 동영상을 보실 수 있습니다.

영어 천재가 된 홍대리

초판 1쇄 발행 2009년 2월 16일
초판 46쇄 발행 2022년 2월 16일

지은이 박정원
펴낸이 김선식

경영총괄 김은영
콘텐츠사업1팀장 임보윤 **콘텐츠사업1팀** 윤유정, 한다혜, 성기병, 문주연
마케팅본부장 권장규 **마케팅2팀** 이고은, 김지우
미디어홍보본부장 정명찬
홍보팀 안지혜, 김민정, 이소영, 김은지, 박재연, 오수미 **뉴미디어팀** 허지호, 박지수, 임유나, 송희진, 홍수경
저작권팀 한승빈, 김재원 **편집관리팀** 조세현, 백설희
경영관리본부 하미선, 박상민, 윤이경, 김소영, 이소희, 안혜선, 김재경, 최완규, 이우철, 김혜진, 이지우, 오지영
외부스태프 류재운·허영미(구성작가) 배중열(일러스트)

펴낸곳 다산북스 **출판등록** 2005년 12월 23일 제313-2005-00277호
주소 경기도 파주시 회동길 490
전화 02-702-1724 **팩스** 02-703-2219 **이메일** dasanbooks@dasanbooks.com
홈페이지 www.dasan.group **블로그** blog.naver.com/dasan_books
종이 ㈜한솔피앤에스 **출력·인쇄** ㈜갑우문화사

ⓒ 2009, 박정원

ISBN 978-89-93285-67-3 (03320)

· 책값은 표지 뒤쪽에 있습니다.
· 파본은 본사와 구입하신 서점에서 교환해드립니다.
· 이 책은 저작권법에 의하여 보호를 받는 저작물이므로 무단 전재와 복제를 금합니다.

다산북스(DASANBOOKS)는 독자 여러분의 책에 관한 아이디어와 원고 투고를 기쁜 마음으로 기다리고 있습니다. 책 출간을 원하는 아이디어가 있으신 분은 다산북스 홈페이지 '투고원고'란으로 간단한 개요와 취지, 연락처 등을 보내주세요. 머뭇거리지 말고 문을 두드리세요.